Jean-Marie Hyacinthe QUENUM

La Christologie Narrative

Jean-Marie Hyacinthe QUENUM

La Christologie Narrative

Au delà du dogmatisme et des méthodes historico-critiques Livre bilingue français-anglais

Éditions Croix du Salut

Cover image: www.ingimage.com

Publisher:
Éditions Croix du Salut
is a trademark of
Dodo Books Indian Ocean Ltd. and OmniScriptum S.R.L publishing group

120 High Road, East Finchley, London, N2 9ED, United Kingdom
Str. Armeneasca 28/1, office 1, Chisinau MD-2012, Republic of Moldova, Europe
Printed at: see last page
ISBN: 978-620-3-84639-3

LA CHRISTOLOGIE NARRATIVE AU DELA DU DOGMATISME ET DES METHODES HISTORICO-CRITIQUES

Jean-Marie Hyacinthe QUENUM, S.J.

Jean-Marie Hyacinthe QUENUM[1], SJ

La christologie est la section de la théologie qui étudie la personne et le destin de Jésus de Nazareth confessé par l'Église comme Christ et Seigneur.

Notre discours christologique s'inscrit dans le mouvement théologique de la fin de la deuxième guerre mondiale qui a abouti au Concile Vatican II.

Ce mouvement théologique prône le retour à l'Écriture sainte et le souci de la vérification historique dans la reconstruction des données sur la personne du Christ à travers son œuvre de rédemption de la création.

Aussi sommes-nous fascinés par la christologie d'en bas des évangiles synoptiques et la christologie d'en haut des lettres Pauliniennes et de la théologie du prologue de l'évangile selon saint Jean.

La christologie étudie le destin de Jésus de Nazareth fait Seigneur et Christ (Ac 2,36). Elle interprète la vie de Jésus en insistant sur son identité humano-divine[2].

Jésus de Nazareth confessé et célébré par l'Église est le prophète de Galilée qui a reçu l'onction de Dieu pour instaurer le Royaume de Dieu.

Le christianisme est né quand l'un des disciples de Jésus de Nazareth, Pierre, le reconnut comme le messie attendu dans l'espérance du peuple d'Israël (Mc 8, 29).

Dans la confession de foi chrétienne, Jésus de Nazareth est l'Envoyé de Dieu qui a vaincu la mort. C'est à partir de l'évènement pascal que le théologien fait la christologie en réfléchissant sur l'homme de Nazareth proclamé par le Nouveau Testament Christ et Seigneur à cause de sa résurrection d'entre les morts.[3]

Célébré dans les Églises comme Jésus-Christ, le prophète Galiléen par la vertu de la foi pascale est celui qui inspire les croyants dans leurs combats pour faire advenir le royaume de Dieu.

---

[1] Jean-Marie Hyacinthe QUENUM est un théologien Béninois, instructeur du Troisième An de la province Jésuite de l'Afrique occidentale à Brazzaville au Congo et professeur visiteur de Christologie à L'Institut de Théologie de la Compagnie de Jésus (ITCJ) à Abidjan en Côte d'Ivoire. Docteur en Théologie, le Père Jean-Marie Hyacinthe QUENUM a soutenu en 2002, au Centre Sèvres, une thèse sur l'œuvre du Cardinal Henri de Lubac. Il a été doyen académique du Collège universitaire HEKIMA et directeur des études sur la paix et les relations internationales du Collège universitaire HEKIMA (Nairobi-Kenya). Une grande partie de son travail au cours des vingt-cinq dernières années a été dans le domaine de la théologie chrétienne africaine. .

[2] G. BORNKAMM, *Qui est Jésus de Nazareth ?* Seuil, Paris, 1973.

[3] C.H. DODD, Le fondateur du christianisme, Seuil, Paris, 1972.

Notre discours christologique tentera à la suite de Christian DUQUOC « cet effort pour penser dans l'unité Jésus et le Christ en fonction des questions qui se lèvent actuellement chez les croyants. Cet effort exige une grande honnêteté à l'égard des sources néotestamentaires et de la façon dont au cours de l'histoire de l'Église, les chrétiens ont vécu et exprimé leur foi, et aussi des incertitudes ou les doutes contemporains, on comprendra qu'il ne peut s'agir de clore le débat : toute entreprise christologique est essai, donc provisoire.[4]»

Notre effort pour penser la christologie comme une entreprise provisoire dépendra des sources néotestamentaires traitées par les meilleurs exégètes, sans nous aligner sur le mouvement du retour à Jésus de l'histoire[5].

Le mouvement du retour à Jésus de l'histoire est une requête de la modernité dont les accents idéologiques et sociaux ne trouvent pas d'échos enthousiastes chez la plupart des croyants[6].

Les croyants sont plutôt fascinés par le prophète Galiléen qui a vaincu l'horreur de la mort. La mort, dimension de l'existence humaine fait de tout être humain, un être pour la mort. La bonne nouvelle qui découle de la mort de Jésus est sa résurrection. En Jésus mort et ressuscité, la mort a été engloutie dans la victoire (1 Co 15, 54). En effet, Dieu a ressuscité Jésus (Ac 13, 32s). Dieu glorifie Jésus en le faisant entrer dans sa vie filiale qu'il reçoit de toute éternité du Père. Et comme les êtres humains sont créés à l'image du Fils (1 Col 1, 15s), la mort et la résurrection du Fils éclairent le mystère de l'entrée de l'humanité dans la vie filiale du Père.

C'est en communion de mort et de résurrection avec Jésus, que les croyants proclament la mort et la résurrection de Jésus comme le couronnement de son œuvre de salut et de rédemption.

La vie terrestre de Jésus était limitée dans le temps et l'espace. La mort et la résurrection de Jésus l'ouvrent à toutes réalités faisant de lui le maître du temps et de l'espace. Jésus Christ devient le Fils de l'homme qui vient. Jésus, l'envoyé du Père à l'humanité, mort et ressuscité se consacre entièrement à sa mission universelle de rejoindre tout être humain dans sa condition culturelle.

---

[4] Christian DUQUOC, *Jésus, homme libre*, Cerf, Paris, 1973. P. 12.
[5] J. JEREMIAS, *Théologie du Nouveau Testament*, t.1 : *La prédication de Jésus*, Cerf, Paris, 1973.
[6] W. REICH, *Le meurtre du Christ*,

Glorifié par le Père, Jésus Christ devient la présence de Dieu parmi les êtres humains. Unique médiateur entre Dieu et les êtres humains (1 Tm2, 5), Jésus, l'unique engendré du Père, est le chemin incontournable pour entrer dans la vie filiale du Père qui est la vie éternelle de communion d'amour en vue de la restauration de la création où Dieu dans sa forme filiale habite parmi les humains.

Quel est le point de départ du discours christologique ?

Que savons-nous de la personnalité historique de Jésus de Nazareth ?

Quels sont les termes empruntés à l'Ancien Testament qui éclairent le mystère de Jésus de Nazareth ?

1. Le point de départ du discours christologique

L'évènement de Pâques est le point de départ du discours christologique. En effet, « les évangiles ne sont pas des récits biographiques. Ils sont des confessions de foi, c'est-à-dire ils expriment la conviction de gens pour lesquels l'évènement de Pâques transforma la connaissance qu'ils avaient de Jésus et leur perception de l'existence [7]»

Jésus au terme d'un procès juif et romain fut condamné à mort par crucifixion. Mort et enseveli, Jésus, selon le témoignage des Apôtres, est vivant et libre de toutes les structures contraignantes de l'existence humaine. La vie nouvelle de Jésus est celle de Dieu dans sa forme filiale qui échappe aux contingences de l'existence humaine.

Ce témoignage des Apôtres sur la résurrection de Jésus colore les souvenirs qui ont été recueillis sur la vie pré-pascale de Jésus. Les souvenirs de l'existence terrestre de Jésus sont réinterprétés en fonction de sa condition nouvelle de vivant désigné Christ et Seigneur appelant ses disciples à la conversion et à la mission.

Le discours christologique ne peut se contenter des titres glorieux donnés à Jésus par la communauté primitive, après sa mort et sa résurrection.[8]

Le discours christologique doit être attentif au message pré-pascal de Jésus sans projeter les désirs humains sur lui.

Le message pré-pascal de Jésus sur le Royaume de Dieu rapproche Jésus mort et ressuscité des préoccupations quotidiennes de la vie humaine. Ainsi l'histoire de Jésus telle

[7] Christian DUQUOQ, *Ibid.*, p. 13.
[8] Jésus ressuscité et vivant est désigné Seigneur et Christ, Sauveur et Fils de Dieu.

qu'elle peut être décryptée dans les récits évangéliques peut fournir des repères à l'action humaine pour collaborer à l'avènement du Royaume de Dieu[9].

2. La personnalité historique de Jésus

Les évangélistes ne prétendaient pas écrire l'histoire de Jésus de Nazareth au sens moderne du terme. Ils ont occasionnellement mentionné les traits communs que Jésus partage avec l'humanité. Jésus de Nazareth fut un bon vivant qui mangeait, qui buvait, qui marchait, qui dormait et qui éprouvait tristesse et joie.

Ce qui caractérise la vie historique de Jésus selon les évangélistes est l'impression profonde qu'il produit sur ses contemporains. Jésus de Nazareth était un homme qui enseignait avec autorité (Mc 1,22 ; cf. Mt 7, 29).

L'autorité de Jésus s'impose dans ses rencontres avec son entourage, avec les scribes, les pharisiens, les malades et ceux qui font partie de son quotidien. Libre avec sa famille, avec son village Nazareth et avec les pressions sociales des castes religieuses de son temps, Jésus de Nazareth est l'ami des parias ignorés par les interprètes officiels de la Loi et du temple.

Soucieux de l'égalité des sexes, Jésus de Nazareth a entretenu des amitiés avec Marthe et Marie de Béthanie.

Cet homme libre qui enseigne avec franchise selon ses adversaires est proche des pauvres, des marginalisés et des exclus qu'il chérit particulièrement pour leur manque de suffisance.

Jésus manifeste envers les pauvres, de la bonté et de la compassion. Il se met au service des pauvres qui sont soulagés dans leurs besoins les plus immédiats.

Jésus n'est pas un ascète mais un homme qui se délectait de la présence des gens simples en partageant leur genre de vie.

Cet homme conduit par l'Esprit Saint est perçu comme l'envoyé de Dieu et le serviteur de Dieu qui ne veut faire que la volonté de celui qu'il représente avec l'autorité de sa parole libre et de son attitude filiale d'obéissance qui interpellent[10].

---

[9] E. TROCMÉ, *Jésus de Nazareth vu par les témoins de sa vie*, Neuchâtel, 1971.
[10] W. PANNENBERG, *Esquisse d'une christologie*, Pais, Cerf, 1971.

Jésus est aussi celui qui représente l'humanité devant Dieu[11]en s'engageant dans l'histoire du salut pour réaliser les promesses de Dieu comme rédempteur du genre humain. Il est selon l'apôtre Paul, celui qui ayant la forme de Dieu de toute éternité, a renoncé à ses privilèges divins[12] et tout étant Dieu dans la forme filiale, s'est fait homme pour être le serviteur de tous et en mourant pour tous et en ressuscitant pour tous, réconcilier l'humanité déchue avec Dieu (Ph 2, 6-11).

C'est ici qu'on peut évoquer le mystère du Dieu fait homme en Jésus le Christ. Le prophète Galiléen est pleinement Dieu et pleinement homme.

C'est l'évènement de Jésus mort et ressuscité qui anticipe l'avenir de l'humanité pardonnée et sauvée par l'intervention directe de Dieu qui relève Jésus d'entre les morts comme « prémices de ceux qui sont endormis » (1 Co 15, 20).

3. Le mystère de Jésus de Nazareth

Les contemporains de Jésus lui ont donné le titre honorifique de prophète puissant en autorité et en signes et prodiges (Lc 24, 19). Il est aussi un homme simple parmi les hommes de son temps qui s'est distingué par son humilité, par sa générosité et par sa compassion.

Jésus de Nazareth est le prédicateur du Royaume de Dieu et le sauveur de l'humanité. C'est l'évènement pascal qui donna une signification plus profonde à la vie pré-pascale du prophète de Galilée (Ac 2, 36). En arrachant Jésus à la mort, le Père donne à Jésus, le Fils éternel, la gloire qu'il possédait avant son incarnation.

Remarques conclusives et d'ouverture :

Jésus de Nazareth, le prophète de Galilée, s'est révélé après sa mort et sa résurrection sous la forme filiale de Dieu.

Les disciples du prophète Galiléen qui ont été ses compagnons durant sa vie pré-pascale l'ont rencontré vivant après sa mort et sa résurrection revêtu de la gloire de Dieu agissant comme un être omnipotent, omniscient et omniprésent.

[11] J. GUILLET, *Jésus devant sa vie et sa mort*, Aubier, Paris, 1971.

[12] Jésus renonce aux trois attributs de Dieu (l'omnipotence, l'omniscience et l'omniprésence) sans cesser d'être Dieu qui est sa forme de toute éternité.

Les compagnons de Jésus éclairés par l'Esprit Saint qu'ils ont reçu du Christ ressuscité sont parvenus à la conviction que le Jésus pré-pascal avait une préexistence. Cet envoyé de Dieu était Dieu de toute éternité sous la forme filiale.

Pour le salut du genre humain, celui qui avait la forme filiale de Dieu s'est fait homme. Dans le processus de l'incarnation, le Fils de Dieu a pris une chair fragile, périssable et -mortelle. Ayant subi une mort injuste et infâme, le Père, source de sa divinité est intervenu après son ensevelissement pour restaurer sa dignité de Fils éternel. Le fils éternel qui a reçu l'onction d'instaurer le Royaume de Dieu est désormais celui par qui tout est sauvé et réconcilié avec le Père. Cette conviction est exprimée dans l'épître de Paul aux PHILLIPPIENS :

> *Lui qui est de condition divine n'a pas revendiqué son droit d'être traité comme l'égal de Dieu mais il s'est dépouillé prenant la condition d'esclave ; devenant semblable aux hommes et reconnu à son aspect comme un homme il s'est abaissé devenant obéissant jusqu'à la mort à la mort sur une croix. C'est pourquoi Dieu l'a souverainement élevé et lui a conféré le nom qui est qui est au -dessus de tout nom afin que toute langue proclame que le seigneur c'est Jésus Christ à la gloire de Dieu le Père.*

Cette conviction nous aide à reconnaître que le Jésus pré-pascal ne fut pas seulement l'un des maîtres religieux d'Israël[13] mais l'envoyé de Dieu qui était Dieu dans sa forme filiale. Jésus est la Parole éternelle faite chair, pour établir le Royaume de Dieu en appelant à la conversion pour entrer dans la vie filiale du Père à travers le don de l'Esprit du Père et du Fils.

Ce rôle prophétique de Jésus n'exclut pas les titres donnés à Jésus émanant du Premier Testament comme celui de Messie, Fils de Dieu, Fils de l'homme et Serviteur.

Jésus tout au long de son ministère pré-pascal a refusé la fonction messianique en n'inscrivant pas son action dans le sens d'une libération politique. Le Jésus pré-pascal ne se désignait pas comme Fils de Dieu dans un milieu Juif où le monothéisme strict n'admettait pas que le Dieu d'Israël ait un Fils. L'usage du titre Fils de l'homme se rencontre dans les paroles attribuées à Jésus par la communauté de foi pascale. Le Jésus pré-pascal n'avait pas sans doute la conscience historique d'être le Fils de l'homme de Daniel 7, 13. Quant au titre de Serviteur à partir des chants du Serviteur de YAHWÉ en Isaïe 52, 13-53, 12, il n'est qu'une annonce et une interprétation de la passion et de la mort de Jésus.

Ainsi le Jésus pré-pascal se présente à ses contemporains comme un homme dont l'autorité émane de celui qui l'a envoyé. Il a prêché le Royaume de Dieu en faisant le bien.

[13] R. BULTMANN, *Jésus, mythologie et démythologisation*, Seuil, Paris, 1968.

Condamné à mort injustement, il s'impose à ses disciples comme le vivant par excellence sur lequel la mort n'a aucune emprise.

Ce Christ pascal est le sujet de la christologie. Ce Christ pascal ne répète pas la Parole de Dieu à la manière des prophètes d'Israël. Il n'agit pas en s'appuyant sur une autorité existante. Le Christ pascal est l'homme libre de toute autorité humaine venu instaurer quelque chose de radicalement nouveau : le Royaume de Dieu et le salut de l'humanité qu'il aime au point de mourir pour elle.

L'identité Humano-Divine de Jésus de Nazareth

Le mystère de Jésus de Nazareth a toujours fasciné et intrigué les historiens, les biblistes, les théologiens et les croyants, à cause de la courte durée de son ministère public, qui néanmoins, eut un impact considérable sur l'histoire humaine.

Nous voulons mettre en lumière l'identité humano-divine de Jésus de Nazareth, ce Juif du 1er siècle qui est le messie que Dieu a promis à Israël dont le destin tragique en fait la figure fondatrice du christianisme.

Cette figure historique a un message de sagesse qui intéresse les sociétés et les civilisations qui ont beaucoup à apprendre de cette icône de l'amour, de la non-violence et du pardon.

La figure historique de Jésus de Nazareth continue d'être une source intarissable d'inspiration et d'espérance.

Cette figure historique a laissé des traces indélébiles dans les évangiles synoptiques et l'évangile selon saint Jean que les historiens peuvent explorer pour aider l'humanité à honorer son enseignement radical sur l'amour, la non-violence et le pardon.

Qui fut Jésus de Nazareth à la lumière des sciences historiques ?

Comment la situation de Jésus de Nazareth à la droite de Dieu après sa résurrection en fait le Christ de la foi exaltant la présence de Dieu en lui ?

Comment la perspective de la révélation d'un Dieu non-violent, de l'amour et du pardon de l'évènement pascal est la clé de la compréhension du christianisme biblique ?

1. Jésus de Nazareth à la lumière des sciences historiques

Le développement des sciences historiques permet de mieux connaître la vie quotidienne au premier siècle et de situer Jésus de Nazareth dans son milieu de vie.

La reconstruction historique de la vie de Jésus de Nazareth fondée sur l'analyse rigoureuse des sources chrétiennes et juives fiables est une quête légitime que requiert la modernité.

Le portrait de Jésus de Nazareth qui se dégage de la reconstruction historique ne vise qu'à mettre en relief son humanité et l'actualité de son historicité.

En effet, Jésus de Nazareth fut une figure historique qu'attestent les manuscrits les plus anciens.[1] Guérisseur charismatique et exorciste, Jésus de Nazareth apparaît au public de son temps comme un prédicateur itinérant du royaume de Dieu réagissant contre la marginalisation de la loi de pureté du judaïsme du Second Temple.

Ce juif marginal du judaïsme du Second Temple propose une interprétation de la Torah à partir de l'expérience quotidienne des besoins élémentaires du prochain.

Jésus de Nazareth invoque Dieu comme un Père ayant un cœur de mère, proche, bon, bienveillant compatissant et pardonnant.

Jésus de Nazareth fut le prédicateur de l'amour gratuit et sans discrimination qui évoque la tendresse, la prévenance et la providence du Dieu Père ayant un cœur de mère, attentif aux besoins de ses créatures.

Dans ses paraboles, exhortations et sentences, Jésus de Nazareth prêchait la radicalité de l'amour qui va jusqu'à l'amour des ennemis couronné par le pardon qui est la clé de la perfection humaine.

C'est en pardonnant que l'être humain ressemble au Dieu créateur et sauveur de la révélation biblique dont la justice consiste à faire miséricorde.

Le témoignage croyant de ses disciples à travers les évangiles canoniques laisse des traces de controverses au sein du judaïsme diversifié du premier siècle sur l'interprétation des régulations et les pratiques de la Torah.

Les paroles[2] et les actions de Jésus de Nazareth attirèrent les foules (Marc 2,2).

Jésus de Nazareth fut aidé dans son ministère public par le groupe des Douze, le groupe des disciples et le groupe des femmes qui partageaient son style de vie (Luc 9, 58).

Les sympathisants à la cause du royaume de Dieu du prophète Galiléen formaient des réseaux de solidarité qui soutenaient son ministère public.

Jésus de Nazareth enseignait dans les synagogues, dans les maisons, dans les lieux déserts et partout où la foule le suivait.

La parole de Jésus de Nazareth avait une autorité qui faisait grandir ses auditeurs.

---

[1] D. MARGUERAT, *Vie et destin de Jésus de Nazareth*, Paris, 2019.
[2] C. H. DODD, *Les paraboles du royaume de Dieu*, Paris, Seuil, 1977.

Le prophète de Galilée soulageait les cœurs brisés.

Jésus de Nazareth rendait dignes, les enfants, les femmes et les hommes qui le suivaient en restaurant leur santé, physique, psychique et spirituelle.

Suivre Jésus de Nazareth à son appel impératif est la manière d'incarner l'espérance du royaume présent et visible dans l'activité ministérielle du prophète de Galilée et de sa communauté itinérante qui a autorité sur les esprits impurs et les maladies. (Luc 9, 2).

Les disciples de Jésus de Nazareth, messagers du royaume de Dieu doivent compter sur la providence et offrir à tous, gracieusement et sans discrimination les bienfaits de leur mission de libération et de transformation[3].

Après une vie publique courte en Galilée, émaillée d'incidents avec les Scribes et les pharisiens sur la pratique de la Torah, Jésus de Nazareth fut arrêté et jugé en Judée par les Saducéens et condamné à mort par crucifixion par les Romains.

Le destin tragique de Jésus de Nazareth signe l'échec de sa mission d'être reconnu comme le messie promis par Dieu à Israël. Mais la rumeur de sa résurrection relance son rôle unique comme le Christ qui arrache l'humanité à la malédiction de la mort.

C'est sa victoire sur la mort qui confirme Jésus de Nazareth comme l'émissaire de Dieu qui par sa solidarité avec le genre humaine ouvre de nouvelles perspectives de réconciliation de l'humanité violente avec son créateur qui n'aspire qu'à apaiser le cœur de l'humanité éloigné des desseins de son Dieu créateur sauveur qui cherche à rassembler ses enfants en une famille où seraient abolies les divisions mortifères de races, de classes, de religions et de fractures sociales.

Jésus vainqueur de la mort par sa résurrection, récuse les sociétés inhumaines par son enseignement du royaume de Dieu qui insistait sur les valeurs de la paternité divine, la fraternité inclusive, la justice sociale, la dignité de la personne humaine, la solidarité dans le service mutuel et la communion dans l'amour et le pardon.

Le Jésus de l'histoire est le plus humain des membres de l'humanité qui prêche l'amour sans discrimination et le pardon inconditionnel.

---

[3] X. Léon DUFOUR, *Les Évangiles et l'histoire de Jésus*, Paris, Seuil, 1963.

En Jésus de Nazareth l'humanité reçoit un appel à suivre l'homme authentique voulu de toute éternité par le créateur et sauveur de toutes choses.

En mourant sur la croix comme le serviteur souffrant et humilié des chants d'Isaïe pour l'humanité à laquelle il s'identifie, Jésus de Nazareth ouvre l'espérance d'un monde plus humain régi par l'amour et le pardon.

2. Le Christ postpascal assis à la droite de Dieu

Jésus crucifié, mort et enseveli ne correspondait pas à l'espérance messianique du peuple d'Israël qui était dans l'attente d'un prophète des derniers temps comme Moïse ou comme Élie pour vaincre ses ennemis.

Jésus crucifié, mort et enseveli n'était pas le fils de David promis pour restituer la gloire passée d'Israël.

Jésus crucifié, mort et enseveli n'était sans doute pas le Fils de l'homme de Daniel 7, 13-14.

Jésus crucifié, mort et enseveli n'est pas non plus, le prêtre attendu pour purifier les fils de Lévi.

La réalité de la résurrection de Jésus réside dans le kérygme pascal qui annonce la promesse de Dieu réalisée dans une vie dont la mort n'est pas le dernier mot[4].

La victoire de Jésus sur la mort est racontée comme une promesse de Dieu accomplie en faveur de son Fils, le Verbe incarné qui au-delà de lui-même commence l'histoire d'une humanité nouvelle.

Jésus de Nazareth, crucifié, mort, enseveli et ressuscité devient objet de culte et d'un discours théologique.

La christologie a son point de départ dans le Jésus de l'histoire dont la destinée tragique ne s'arrête pas à sa mort puisque son histoire métahistorique dans sa communauté de disciples le révèle comme un ressuscité jouissant de la divinité.

Jésus de Nazareth devient par sa résurrection l'homme qui venait de Dieu. [5]

---

[4] Ch. DUQUOC, *Christologie, Essai dogmatique*, Paris, Cerf, 1972,
[5] J. MOINGT, *L'homme qui venait de Dieu, Paris, Cerf, 1994.*

Cet homme a accueilli l'humanité dans sa grandeur et dans sa faiblesse en recherchant son bonheur et son salut.

L'amour désintéressé de Jésus de Nazareth pour l'humanité est inspiré par la présence de Dieu en lui qui sait reconnaître en elle l'œuvre de Dieu à chérir au prix d'une donation sans réserve.

En se tournant gratuitement vers l'humanité violente et centrée sur elle-même, Jésus de Nazareth dans sa solidarité avec l'humanité pécheresse peut offrir son pardon à ses bourreaux et révéler un Dieu d'amour et de pardon.

La résurrection de Jésus de Nazareth révèle le Fils, le Verbe incarné qui a le cœur compatissant du Père au milieu de ses frères en humanité.

Assis à la droite de Dieu, le Fils ressuscité, Verbe incarné du Père, invite à la rencontre de l'autre par un dialogue d'amour qui n'est possible que quand on s'oublie pour le bonheur et le salut de l'autre.

3. L'évènement pascal révèle un Dieu d'amour et de pardon, clé de compréhension du christianisme biblique.

L'évènement pascal de Jésus de Nazareth donnant librement sa vie pour le bonheur et le salut de l'humanité révèle un Dieu d'amour et de pardon s'abaissant devant les humiliations de ses créatures.

Ce Dieu qui n'est qu'amour (1Jean 4, 8) prend toujours l'initiative de pardonner sans attendre la conversion de ses créatures qui l'offensent.

C'est ce que fit Jésus de Nazareth, L'homme-Dieu sur la croix : « Père, pardonne-leur, ils ne savent pas ce qu'ils font » (Luc 23, 34).

La résurrection du Fils de Dieu est le pardon de Dieu accordé à l'humanité pécheresse qui a maltraité le fils bien aimé du Père par des outrages, des blasphèmes et des humiliations disproportionnées.

La résurrection de Jésus de Nazareth donne l'espérance que l'amour et le pardon sont possibles. Dieu, le Père est le premier à initier l'amour gratuit et désintéressé qui va au-delà des offenses de ses créatures conscientes en envoyant son Fils accueillir les pécheurs.

Les pécheurs décentrés de Dieu ne peuvent produire que le mal et les désordres déshumanisants. C'est en suivant Jésus de Nazareth et en « demeurant en lui » que le disciple peut exprimer à son prochain l'amour désintéressé de Dieu manifesté dans le Fils qui aime et qui pardonne.

Remarques conclusives et d'ouverture

Jésus de Nazareth est, selon les travaux des sciences historiques, l'icône de l'amour et du pardon. Il est sans doute le plus humain des membres de l'humanité par sa pratique de l'amour, de la non-violence et du pardon.

Son message du royaume de Dieu donne l'espérance d'un monde régi par la paternité divine qui rassemble l'humanité en une famille de Dieu avec la fraternité inclusive, le respect de la dignité de la personne humaine et la justice sociale pour le bien-être de tous dans un cosmos réconcilié avec Dieu.

La résurrection de Jésus de Nazareth révèle un Dieu d'amour et de pardon qui restaure l'alliance entre Dieu et l'humanité en lui donnant la force d'aimer comme Jésus de Nazareth et de pardonner comme le Fils bien aimé du Père qui donne son Esprit pour faire vivre dans le cœur de l'humanité les paroles salutaires de Jésus de Nazareth, l'homme-Dieu.

LA PORTEE CHRISTOLOGIQUE DE LA RESURRECTION DE JESUS DE NAZARETH

En assumant la condition humaine, le Fils éternel du Père fait homme, Jésus de Nazareth, a accepté de se confronter à l'épreuve de la mort.

Le témoignage croyant de ses disciples montre avec d'abondants signes étonnants qu'il est ressuscité d'entre les morts.

Jésus de Nazareth n'est pas revenu à son état antérieur de vie pré-pascale[1], mais il s'est manifesté à ses disciples, victorieux de la mort, maître du temps et de l'espace, entièrement lui-même et différent et autre dans sa condition nouvelle et définitive.

La résurrection de Jésus a permis au prophète Galiléen de franchir les limites de l'histoire pour entrer avec son humanité dans une vie définitive et éternelle en Dieu[2].

Le tombeau ouvert et vide, les apparitions du ressuscité en chair et en os, ses interactions postpascales avec ses disciples sont les signes convaincants de sa vie nouvelle en Dieu.

En Jésus ressuscité, la victoire sur la mort est assurée et le Dieu de Jésus de Nazareth est reconnu comme le Dieu de la vie en plénitude (Mt 22,32 ; Jean 1, 4, Jean 3, 36 ; Luc 20, 27-38).

Quelle est la portée christologique de la résurrection de Jésus ?

Quelles sont les conséquences de la résurrection de Jésus pour l'humanité déchue, sauvée et pardonnée ?

Comment transmettre la bonne nouvelle de la résurrection de Jésus de Nazareth à ceux qui vivent aujourd'hui une existence douloureuse traversée par des crises de toutes sortes ?

En nous appuyant sur les traditions de confession et sur les traditions narratives du Nouveau Testament, nous montrerons comment la foi chrétienne en la résurrection s'est établie en lien avec l'histoire de Dieu avec son peuple[3].

Jésus de Nazareth meurt selon les Écritures en étant la réponse à la sentence de mort prononcée par Dieu sur le premier Adam.

[1] La résurrection de Jésus n'est pas comparable à celle du fils de la veuve de NAÏM (Luc 7, 11-17) ou à celle de la fille de JAÏRE (Luc 8, 49-56) ou à celle de Lazare (Jean 11, 1-44).

[2] B. SESBOÜÉ, *La Résurrection et la vie. Petite catéchèse sur les choses de la fin*, DESCLÉE DE BROUWER, Paris, 1990.

[3] J. JEREMIAS, *Théologie du Nouveau Testament*, Paris, 1971.

Le deuxième Adam est le vainqueur de la mort qui se donne à voir par ses disciples en sa vie nouvelle et définitive qui ne connaît pas la corruption (Psaume 16, 10).

La résurrection de Jésus de Nazareth confessée par les disciples qui ont eu une relation personnelle avec le crucifié ressuscité en communauté de foi est le nouveau paradigme de l'espérance chrétienne.

1. La portée christologique de la résurrection de Jésus de Nazareth

Le message de Jésus de Nazareth sur le Royaume de Dieu et les actes de puissance qu'il opérait et l'image d'un Dieu de grâce, d'accueil et de miséricorde qu'il véhiculait suscitèrent des conflits inévitables qui aboutirent au meurtre du prophète de Galilée.

Crucifié sous Ponce Pilate, Jésus meurt et enseveli, il ressuscite[4] le premier jour de la semaine inaugurant une nouvelle création (Mt 28, 1-20 ; Mc 16, 1-20 ; Luc 24, 1-49 ; Jean 20-21).

Les récits de la résurrection de Jésus de Nazareth balbutient en cherchant un langage approprié pour exprimer l'inouï de cet évènement exceptionnel accueilli dans la foi pascale par les Apôtres : « Le Seigneur est vraiment ressuscité et il est apparu à Pierre » (Luc 24, 34).

Les femmes qui l'accompagnaient de sa Galilée natale furent les témoins de son tombeau ouvert et vide au matin de la première Pâque chrétienne.

Elles furent les premières à être gratifiées d'apparitions du ressuscité. Peu à peu la bonne nouvelle de la résurrection de Jésus atteint le cercle des disciples à qui le Vivant manifeste sa présence corporelle dans un état glorieux.

La foi pascale en la résurrection de Jésus est ainsi née à partir d'un évènement eschatologique historiquement daté avec de multiples attestations (1Cor 15).

La résurrection de Jésus, évènement sans précédent dans l'histoire humaine est la révélation du Dieu de vie sur l'horreur de la mort initiée par le péché du patriarche de l'humanité, le premier Adam.

Désormais la mort n'est plus un destin à subir dans les larmes et le deuil mais le passage à une vie nouvelle de communion avec le Dieu vivant qui ressuscite.

---

[4] Ressusciter, c'est être relevé des morts, être réveillé d'entre les morts par Dieu qui confirme la sainteté extraordinaire de la vie, sauvée et élevée de Jésus dont la divinité étai voilée durant son incarnation.

Le salut n'est plus placé dans la puissance humaine d'un César mais en Dieu dont la puissance est infinie, puisqu'elle est victorieuse de la mort, le dernier ennemi de l'humanité.

Le Christ pascal devient la source de salut par sa résurrection.

La résurrection du crucifié est attestée par le cercle des disciples du Christ pascal (Ac1,3)

Une relecture de la vie historique de Jésus de Nazareth s'impose pour réinterpréter ses paroles, ses actes de puissance et sa passion en fonction de l'évènement inouï.

Le Christ pascal n'est plus seulement un prophète puissant en signes et prodiges mais il est perçu par le cercle des disciples comme le messie, celui qui a accompli les promesses de Dieu dans le Premier Testament[5].

Le ressuscité qui est le crucifié vivant fait Christ et Seigneur, a communiqué avec le cercle de ses disciples à travers ses apparitions qui ne visent que la mission d'annoncer le Royaume de Dieu à toute la création.

Le royaume de Dieu est le don que le Père fit de son Fils afin que quiconque croit en lui ait la vie de Dieu (Jean 3, 16).

La centralité du message pascal révèle l'identité profonde de Jésus de Nazareth dont la vie nouvelle de Christ et Seigneur déborde les limites de l'obscurité la mort. Son amour aux mains nues a traversé la mort et déploie la vie plus forte que la mort.

Désormais la mort vaincue devient un lieu de passage, un lieu de mutation et un lieu de transformation.

Le Christ ressuscité est comme une graine jetée en terre qui devient un grand arbre, l'Église en pleine expansion, sous l'ombre de laquelle se constitue le nouveau corps mystique de celui qui est vivant pour toujours.

Le Christ ressuscité devient la tête du corps mystique qui récapitule l'histoire de l'humanité, déchue et sauvée par l'amour aux mains nues de Dieu qui offre son Fils, premier-né d'entre les morts et frère aîné d'une multitude de frères et sœurs.

---

[5] X.LÉON-DUFOUR, *Résurrection de Jésus et message pascal*, Seuil, Paris, 1971.

Dans le corps mystique du Christ ressuscité les valeurs vécues pour rendre le corps vivant et dynamique sont : l'amour, le partage, la solidarité, le service mutuel, le don de soi, la dignité d'enfants de Dieu et la communion.

Le Christ pascal, tête du corps de la nouvelle humanité est le sujet par excellence de la christologie. En lui, l'humanité nouvelle est adoptée par le Père, qui a inspiré au Fils l'œuvre merveilleuse du salut qui consiste à vaincre la mort.

Désormais, les hommes et les femmes peuvent participer à la vie divine qui est une vie de relations privilégiées avec le Père, par le Fils dans L'Esprit.

Cette vie filiale retrouvée dans la résurrection de Jésus de Nazareth est le don qui relie les enfants de Dieu à leur origine.

En Jésus de Nazareth ressuscité, une vie plus forte que la mort coule dans le corps mystique du Christ pascal pour arroser de bénédictions l'humanité associée à l'œuvre de la rédemption.

En partageant la condition humaine et en affrontant l'épreuve de la mort, Jésus de Nazareth qui subit une mort violente et infâme, fait l'expérience de la méchanceté humaine qui le réduit au silence d'un sépulcre. Ayant volontairement donné sa vie pour l'amour du Père et de ses frères et sœurs en humanité dont il est solidaire par son incarnation, Jésus de Nazareth par sa mort acceptée avec amour est parvenu en Dieu à une vie qui échappe aux contingences de l'histoire.

Ainsi Jésus de Nazareth « n'a pas été abandonné au séjour des morts » (Actes 2, 31).

D'une façon mystérieuse, il est réveillé d'entre les morts par Dieu et désormais il est transparent à Dieu comme le Christ pascal et le Fils bien aimé du Père[6].

Ressuscité d'entre les morts et vivant dans la dimension invisible du Père, le Christ pascal établit un pont entre la rive de l'humanité et la rive divine. Il est le médiateur par excellence qui réconcilie l'humanité avec Dieu et donne l'Esprit qui unit les hommes et les femmes entre eux dans l'amitié retrouvée.

[6] J. JEREMIAS, *Abba, Jésus et son Père*, Seuil, Paris, 1972.

2. Les conséquences de la résurrection de Jésus pour l'humanité déchue, sauvée et pardonnée

La mort de Jésus de Nazareth a été ressentie par les disciples comme un échec de sa mission.

Jésus avait annoncé la venue du Royaume de Dieu avec l'autorité de sa parole libre accompagnée de signes, mais sa mort consacre le triomphe de ses adversaires pharisiens et Sadducéens.

En se manifestant à ses disciples, vivant et dans un état glorieux, Jésus de Nazareth est devenu Seigneur et Christ. Exalté par le Père, le Christ pascal échappe aux conditions mortelles et à la perception sensible.

Le Christ pascal se révèle à ses disciples comme une personne divine communiquant avec eux dans la puissance de L'Esprit de Dieu.

Le Christ pascal est le crucifié vivant, mort pour l'humanité pécheresse.

Le recours à la figure du Serviteur de YAHWÉ d'Isaïe et à la figure sacerdotale de l'épître aux Hébreux permet de projeter une lumière biblique pour interpréter la mort ignominieuse de Jésus de Nazareth sur la croix.

L'expérience pascale des disciples a approfondi leur connaissance de Jésus de Nazareth.

Jésus de Nazareth est plus qu'un prophète des derniers temps, il est le messie non au sens nationaliste du terme, mais le Seigneur, l'envoyé de Dieu pour instaurer le Royaume de Dieu.

Il est le Fils de Dieu dans un sens unique en étant parfaitement uni à Dieu (Jean 14, 6-14). Sa relation au Père définit son identité.

La première conséquence de la résurrection de Jésus de Nazareth est le passage de la désolation à la foi pascale des disciples désorientés par la mort infâme du maître par crucifixion.

Terrassés par la mort de Jésus de Nazareth, les disciples du crucifié ont connu un retournement sur la base d'une expérience bouleversante de la résurrection du crucifié.

La deuxième conséquence de la résurrection de Jésus est la réponse de Dieu au mal excessif.

Dieu ne détruit pas ceux et celles qui font le mal, mais il donne son Esprit pour susciter ceux et celles qui font le bien jusqu'au bout avec l'amour aux mains nues du prophète de Galilée.

En troisième lieu, le Christ ressuscité est le modèle d'une humanité réussie qui ne répond pas au mal par le mal. En aimant jusqu'au bout ses adversaires avec la force intérieure d'une tendre compassion, le crucifié met en place le processus du pardon qui passe par la volonté d'aimer le prochain en qui se trouve l'image de Dieu à ne pas détruire.

En effet, Jésus ressuscité est l'homme juste, persécuté pour le Royaume de Dieu qu'il proclamait. A la violence haineuse et pécheresse, déversée sur lui durant sa passion, à travers les calomnies, le mépris et à la condamnation injuste, Jésus oppose la violence convertie de l'amour de Dieu qui passe par l'amour du prochain (1 Jn 4,20 ; 1 Jn 3, 15).

En pardonnant à ses bourreaux, Jésus de Nazareth ne les enferme pas dans la logique de la mort et de la haine, mais il révèle par sa résurrection un Dieu qui ratifie son pardon à ses adversaires.

C'est en ressuscitant Jésus de Nazareth qui pardonne à ses bourreaux en allant jusqu'au bout de son amour pour l'humanité déchue par le péché et la haine, que Dieu confirme l'identité de Jésus comme son Fils parfaitement uni à lui et qui ne peut être séparé de lui. Ni le péché, ni la haine ne séparent le Père du Fils.

La résurrection de Jésus de Nazareth devient le symbole de l'espérance chrétienne. Dieu est celui qui tire du bien des situations douloureuses et négatives.

La résurrection de Jésus de Nazareth est la bonne nouvelle où Dieu intervient pour susciter la nouveauté qui indique que le péché, la haine et la mort ne sont pas les derniers mots de la condition humaine restaurée par l'incarnation du Fils de Dieu fait homme.

3. La transmission de la bonne nouvelle de la résurrection de Jésus de Nazareth aujourd'hui

Beaucoup d'hommes et de femmes vivent aujourd'hui dans les situations douloureuses de crises sanitaires, sécuritaires, économiques, politiques, sociales et écologiques, en quoi la bonne nouvelle de la résurrection de Jésus les concerne ?

La résurrection de Jésus de Nazareth montre que le Dieu des Écritures compatit à la souffrance humaine.

Ce Dieu bon et bienveillant ne détruit pas ceux et celles qui font souffrir. Mais discrètement et secrètement le Dieu des Écritures accompagne ceux qui souffrent en les aidant à vivre leurs épreuves avec eux à travers la force intérieure qui leur est donnée comme un don gratuit de l'Esprit du Père et du Fils.

La personne qui souffre n'est pas abandonnée par le Dieu qui n'est qu'amour.

Elle subit des dépouillements et purifications qui la ramènent à l'essentiel qui est de faire confiance à l'intervention gracieuse de Dieu qui relève sa créature et son enfant.

Avec Dieu tout concourt au bien de ceux qui l'aiment.

Le Dieu des Écritures intervient gracieusement dans la vie quotidienne de ses enfants tout en respectant leur liberté et responsabilité.

La résurrection de Jésus de Nazareth devenu le Christ pascal révèle le dessein de Dieu de sauver l'humanité en la divinisant[7]. La résurrection de Jésus de Nazareth est le modèle et le signe de la résurrection de ceux et celles qui croient en lui[8].

Cette résurrection n'est pas pour la vie après la mort. La résurrection du Christ pascal est à l'œuvre dans la vie présente travaillant à l'expansion de l'Église, corps mystique du Christ. Elle est dans la célébration des sacrements de l'Église où les pécheurs pardonnés passent des ténèbres à la lumière des paroles du Christ pascal.

La résurrection du Christ pascal inspire la transformation du monde en royaume de Dieu où justice, paix et amour sont visés comme des valeurs pouvant recréer l'unité de l'humanité contre les divisions mortifères et les barrières de tribus et de castes.

Remarques conclusives et d'ouverture :

La résurrection de Jésus de Nazareth proclamée par les Apôtres insère l'évènement inouï dans l'histoire du salut du peuple d'Israël.

La mort de Jésus n'est pas un incident incohérent. Elle correspond à la logique de l'accomplissement des Paroles de l'Écriture.

[7] La divinisation depuis saint Athanase est la volonté de Dieu d'associer sa créature consciente, créée à son image à sa vie intime. Adoptée en Jésus, le Christ, l'humanité sauvée par la mort et la résurrection de Jésus, participe à la vie de Dieu.

[8] W. PANNENBERG, *Esquisse d'une christologie*, Paris, Cerf, 1971.

Jésus meurt pour les péchés (Isaïe 53, 12). Dans la proclamation de la foi pascale, il est perçu comme le serviteur de Dieu des chants d'Isaïe qui donne sa vie pour réconcilier l'humanité.

La mort de Jésus de Nazareth met fin à la limite physique de la vie en ouvrant les perspectives d'une vie qui franchit les limites de la mort.

En faisant l'expérience de la mort, Jésus de Nazareth a réellement vaincu la mort par sa résurrection.

La victoire du Christ pascal sur la mort est un appel à poursuivre la mission pré-pascale de Jésus de Nazareth de donner la vie en abondance et de rendre libre une humanité nouvelle se débarrassant de ses idoles.

Le Christ pascal, revêtu de gloire et de majesté est le Seigneur en sa vie nouvelle.

La résurrection de Jésus de Nazareth met définitivement fin au fait que la mort n'est plus le stade ultime d'une vie humaine.

« Mais il devient ainsi tout spécialement manifeste que la foi en la résurrection de Jésus est une confession de l'existence réelle de Dieu et une confession de son acte créateur, du « oui » inconditionnel par lequel Dieu se situe face à la création, à la matière[9].»

---

[9] J. RATZINGER, *Le Ressuscité*, Paris, 1986, p. 131.

Jésus, le serviteur souffrant, espérance du peuple messianique de Dieu

Lui de condition divine

Ne retient pas jalousement

Le rang qui l'égalait à Dieu.

Mais il s'anéantit lui-même

Prenant condition d'esclave

Et devenant semblable aux hommes.

S'étant comporté comme un homme

Il s'est abaissé

Devenant obéissant jusqu'à la mort

Et la mort de la croix.

C'est pourquoi Dieu l'a souverainement élevé

Et lui a conféré le Nom qui est au-dessus de tout nom,

Afin qu'au nom de Jésus tout genou fléchisse,

Dans les cieux, sur la terre et sous la terre,

Et que toute langue confesse que

Le Seigneur, c'est Jésus Christ,

A la gloire de Dieu le Père.

(Ph 2, 6-11)

Dans son épître aux Philippiens, Paul cite une hymne primitive qui décrit les diverses étapes du mystère du Christ Jésus.

Je propose à votre méditation cette hymne qui rend compte de la décision libre prise par Jésus au cours de son existence terrestre d'embrasser les conditions de vie de serviteur. Jésus opta librement d'assumer les humiliations et les souffrances qui découlent de sa condition de Serviteur. Jésus opta pour la condition de serviteur pour mettre au service des autres les dons et les talents dont Dieu l'a gratifié.

Durant ce temps de carême où se profile à l'horizon, la passion du serviteur de Dieu, Je voudrais réfléchir avec vous sur l'obéissance diaconale de Jésus. L'obéissance diaconale de Jésus est tout entière placée sous le signe de la souffrance et de l'humiliation.

Jésus par son obéissance diaconale s'est vraiment « anéanti lui-même se faisant obéissant jusqu'à la mort sur une croix » (Ph 2 : 7-8). Par l'obéissance diaconale, Jésus s'est penché sur le pauvre, le malade, le rejeté, le pécheur. Il s'est abaissé jusqu'à la mort infamante de la croix.

L'obéissance diaconale de Jésus peut nous fournir des repères pour notre vie chrétienne en ce temps où nous nous préparons à célébrer la passion, la mort et la résurrection de Jésus, notre sauveur et notre Seigneur. L'obéissance radicale de Jésus est le chemin qui aboutit à la communion.

1. L'obéissance diaconale de Jésus comme chemin de la croix

Jésus est parmi les siens comme celui qui sert. Il est essentiellement l'homme pour les autres. Jésus se présente comme celui qui est venu dans ce monde pour servir. La diaconie de Jésus le décentre de lui-même. Jésus parle pour instruire. Il pose des gestes aimants et aimables. Il refuse d'utiliser ses pouvoirs spirituels pour son intérêt ou pour son plaisir. Il multiplie les pains pour les autres, mais refuse de changer les pierres en pain pour lui-même. Il change l'eau en vin à Cana, mais éprouve une soif terrible au puits de Jacob ou sur la croix.

Jésus, comme serviteur de Dieu et des hommes, a accepté de faire le bien et répandre la paix. Il a vécu dans la simplicité et la disponibilité aux autres. Jésus a été au service des pauvres, des rejetés et des petites gens. Il a partagé leurs peines et leurs espoirs en vivant en leur compagnie. L'obéissance diaconale de Jésus exige le dépouillement, la pauvreté et l'arrachement à soi-même.

Cette obéissance diaconale a pris la forme historique d'une lutte pour la justice, la paix et la réconciliation. Jésus par son obéissance diaconale a manifesté la justice de Dieu en faveur des démunis de son temps. Jésus par sa sollicitude pour les sans-défense, a protégé les faibles opprimés contre leurs oppresseurs en proclamant comme prophète les exigences de la justice divine. La justice divine est infiniment plus élevée que le programme social de réforme des droits de chacun.

Parce que Jésus luttait pour la justice ultime, la justice de Dieu, les princes de ce monde l'ont condamné comme rebelle qui soulève le peuple et empêche de payer l'impôt au Romains et on lui fera subir le sort de tous les prisonniers politiques. Jésus fut livré à la torture. Il fut accusé d'hérétique et de faux prophète qui répand partout une conception de Dieu opposée à la loi et à la religion officielle du temple et du Sanhédrin.

Dieu pour les accusateurs de Jésus ne peut être du côté des marginaux, des publicains, des pécheurs que la loi condamne comme prévaricateurs.

Comment Dieu pouvait-il être le père du fils débauché ? (Lc 15 :11-32). Comment Dieu pouvait-il pardonner la prostituée ? (Lc 3 : 36-50). Comment Dieu pouvait-il pardonner la femme adultère ? (Jn 8 : 1-11). Comment Dieu pouvait-il inviter à son festin eschatologique les pauvres, les estropiés, les aveugles et les boiteux ? (Lc 14 : 15-24). L'enseignement de Jésus était une aberration pour les autorités religieuses d'Israël qui se liguent contre Jésus devenu le bouc émissaire. Les autorités religieuses et civiles mettent la main sur Jésus pour le faire mourir (Lc 19 :47).

Elles accusent Jésus de fonder son ministère prophétique sur Dieu. La mort en croix de Jésus est la phase ultime d'un conflit avec les autorités religieuses d'Israël qui s'attachent farouchement à leurs institutions comme médiations de la volonté de Dieu. Jésus meurt pour la justice ultime de Dieu. La mort de Jésus a été humiliante. Jésus a été un serviteur souffrant pour la cause de la justice ultime de Dieu. Il est trahi par un de ses disciples, abandonné par les autres qui, comme Pierre, feignent de ne pas le connaître. Il est traité comme le pire des malfaiteurs. Les soldats le ligotent pour le conduire chez le Grand Prêtre. Les gardes l'accablent des pires insultes : ils lui crachent au visage (Mt 26 : 67). Enfin les autorités religieuses d'Israël obtiennent des Romains la sentence de mort (Mc 15 :1). « Nous avons une Loi et selon cette Loi, il doit mourir » (Jn 19 :7).

Après l'avoir soumis à la flagellation, les soldats se moquent de la faiblesse de Jésus. Ils lui mettent sur la tête une couronne d'épines et, dans la main, un bâton en guise de sceptre. Puis le défilé vers le Golgotha s'organise. Jésus porte lui-même sa croix, symbole de dégradation et de disgrâce. Suspendu entre deux brigands, Jésus est encore l'objet de la risée des passants qui se moquent de lui et l'outragent. Rejeté des hommes, Jésus est abandonné de Dieu. Jésus a échoué dans sa mission de serviteur du royaume de Dieu. Il éprouve la détresse infinie et la solitude du juste abandonné de Dieu et des hommes. Jésus est le juste persécuté par ses ennemis et que Dieu semble oublier. Jésus est le juste (Acte 3 :14) dont les prophètes avaient annoncé la venue (Acte 7 : 52). Toute la vie de Jésus est consacrée au service de Dieu. Durant la passion, Jésus maintient malgré son angoisse sa volonté d'obéissance jusqu'au bout. Jésus, le Fils bien –aimé, éprouve tout au long de sa passion l'amertume extrême de l'abandon de Dieu. « Mon Dieu, mon Dieu pourquoi m'as-tu abandonné ? » serait d'après Marc et Matthieu, la dernière parole de Jésus (Mc 15 :34 ; Mt 27 :46). L'abandon de Jésus par Dieu lors de la passion est l'étape ultime de son obéissance diaconale, vécue dans l'humilité, la faiblesse et le libre refus d'utiliser ses pouvoirs spirituels pour son profit. Jésus par son obéissance diaconale descend jusqu'au tréfonds de la détresse humaine et du tragique de l'existence.

2. Le Chemin de la croix de Jésus comme repère de notre obéissance diaconale à Dieu

Jésus par son chemin de la croix s'est soumis à la volonté de Dieu. Il a mis toute sa confiance en Dieu. La croix est le sommet de l'obéissance de Jésus, le Fils de Dieu devenu serviteur souffrant et humilié. Par son obéissance radicale, Jésus révèle le Dieu caché de la nature et de l'histoire. L'humanité concrète et diaconale de Jésus nous donne accès à l'inaccessible. Jésus par son obéissance radicale est la manifestation finale de Dieu. L'obéissance radicale de Jésus est le lieu par excellence de la révélation de Dieu. « Je suis descendu du ciel pour faire non ma volonté, mais la volonté de celui qui m'a envoyé » (Jn 6 :38). L'obéissance de Jésus nous fournit la clé qui nous fait accéder à une certaine intelligence du mystère de Dieu. En Jésus obéissant, nous rencontrons la face externe de Dieu, c'est-à-dire le visage de Dieu tourné vers l'humanité et le monde.

La tradition chrétienne propose l'obéissance de Jésus comme un modèle à imiter, un exemple à suivre. Jésus doit achever en nous sa propre obéissance. Notre attitude intérieure à la suite de Jésus doit consister à interpréter nos situations existentielles à partir de l'obéissance radicale du Fils de Dieu parmi nous. En tant que participation à l'obéissance de Jésus, notre obéissance est l'imitation de Jésus dans son service de l'humanité. L'obéissance diaconale à la manière du Christ est le principe et la condition de notre filiation divine. Par la diaconie amoureuse, nous devenons des êtres relationnels et nous entrons en communion avec les autres. Obéir à Dieu, c'est devenir homme ou femme pour les autres dans la vie conçue comme une aventure risquée. Obéir à Dieu, c'est se laisser conduire par l'Esprit qui souffle où il veut. Obéir à Dieu, C'est produire les fruits de l'Esprit « joie, patience, bonté, bienveillance, douceur, maîtrise de soi » (Ga 5 : 22-23).

L'obéissance a été pour Jésus le chemin de la croix. Elle est la condition de notre salut. Par rapport à Dieu, l'obéissance désigne, l'attitude filiale où le disciple reçoit la vie éternelle que Jésus est venu nous donner (Jn 10 :10).

3. Comment traduire l'obéissance diaconale de Jésus dans notre vie spirituelle ?

Obéir à Dieu revient à développer notre capital d'humanité.

Par la prière, nous trouvons la force d'aimer Dieu et les autres à la manière du Christ obéissant. L'amour sacrificiel de Jésus qui va vers sa passion nous confirme qu'il souffre et meurt pour notre salut (1Tim.1, 15) et pour nous faire partager la vie de Dieu (Eph. 1, 3-18). Le Christ s'est incarné pour notre salut et pour la gloire ultime du Père. L'obéissance diaconale du Fils a pour fins, le salut du monde, la gloire du Christ et la manifestation de la puissance de Dieu. En ce sens, le Christ est principe de sainteté et de glorification. Le Christ Rédempteur, mort en croix pour le salut de l'humanité est le principe de notre adoption surnaturelle comme Fils du Père dans le sang du Christ. « En lui, nous trouvons la rédemption, par son sang, la rémission des fautes, selon la richesse de sa grâce » (Eph. 1 : 7). La mission éthico-religieuse du Fils de Dieu de vivre pour les autres par l'obéissance diaconale et par l'amour sacrificiel est le motif de l'incarnation. « Le Verbe de Dieu, par qui tout a été fait, s'est lui-même fait chair, afin que, homme parfait, il sauve tous les hommes et toutes les femmes et récapitule toutes choses en lui… » (Gaudium et Spes, 45, 1)

Pour traduire l'obéissance diaconale de Jésus Christ dans notre vie spirituelle, nous devons :

1- Vivre pour les autres afin de constituer une communauté fraternelle.

2- Nous réconcilier avec les autres pour affermir la paix.

3- Nous réconcilier avec Dieu pour le glorifier. « Quand toutes choses lui auront été soumises, le Fils lui-même se soumettra à Celui qui lui a tout soumis, afin que Dieu soit tout en tous (1 Cor. 15, 28).

Dieu nous sauve en nous donnant la grâce de nous aimer les uns les autres. Cet amour réciproque est le fruit de l'amour rédempteur du Fils, amour totalement désintéressé de lui-même, orienté vers le Père. Existant pour aimer ses frères et surtout pour être aimé par eux, Jésus « a donné sa vie pour nous. Nous aussi, nous devons donner notre vie pour nos frères et sœurs. Si quelqu'un possède les biens de ce monde et voit son frère ou sa sœur dans le besoin, et qu'il se ferme à toute compassion, comment l'amour de Dieu demeurerait-il en lui » (1 Jn 3, 16-17).

Devenons par l'obéissance diaconale, Hommes ou Femmes pour les autres. La communion au cœur eucharistique de Jésus accroît en nous l'amour du Christ rédempteur et l'amour surnaturel pour le prochain.

Le temps de carême nous prépare à vivre la passion du Christ comme la révélation de l'amour rédempteur du Fils qui par son obéissance diaconale nous ouvre les perspectives d'une vie spirituelle fondée sur le service désintéressé des autres et sur la réconciliation avec Dieu et avec les autres.

What an African gained as an insight in his encounter with Jesus, the Savior of the World

Abstract

The main focus of this contribution is the encounter of the best known hermit Saint Antony the great of Egypt with Jesus, the Savior of the world, two hundred years after Jesus' life time. This encounter with Jesus, the Savior of the world through radical discipleship transformed the desert of Egypt into a city of God where hermits living nearby were organized by Saint Antony the great into partly shared existence. This radical discipleship which is indigenous, vernacular, graced ascetic, communitarian and Spirit –filled can inspire today's African Christianity in dealing with the challenges and signs of the times. The importance and richness of Saint Antony the great encounter with Jesus, the Savior of the world draw attention to the specific vocation and mission of the Church of Africa in our post-modern and multi-cultural world.

Introduction:

Like the influential Ethiopian eunuch evangelized and baptized by the Deacon Philip in the Acts of the Apostles 8: 26-40, many African Christians during every step of their life faith journey, have had various religious experiences of encounter with Jesus, the Son of God made man and the Savior of the world.[1]

We will be interested in the life faith journey and work of Saint Antony the great, Father of the monks, in our approach of African Christian encounter with Jesus, the savior of the world[2].

Saint Antony the great, (251-356) as a Desert Father chose to imitate Jesus more closely by configuring his life to the Word of the Gospel heard in the new Coptic translation of his time.

Saint Antony the great lived a new experience of docility to the Holy Spirit through prayer, solitude, silence, humble manual work, penance and spiritual guidance, leading to fraternal communion in monastic life.

---

[1] Andrew. F. Walls. *The Cross Cultural Process in Christian Church History*, ORBIS Books, New York, 2002.
[2] John CHRYSSAVGIS and Marilyn ROUVELAS, *Saint Anthony the great*, illustrated by Isabelle Brent, Wisdom Tales Press, Indiana, 2015.

The personal encounter of Saint Antony the great with Jesus, the savior of the world in PISPIR and in the eastern desert of Egypt generated an abundant divine life within him and around him.

Empowered by the Spirit world, Saint Antony the great has lived and announced the Gospel from his experience of spiritual warrior as hermit and monk.

As an authentic and humble witness of monastic life, Saint Antony the great promoted a spirituality of simple heroic daily living with a new style of interpersonal relationships within the monasticism of his time.

Saint Antony the great encounter with Jesus saved him from the flesh temptations, distractions, discouragement and the vain glory of worldly Constantine Hellenistic cosmopolitan Church life[3].

The radically evangelical life of Saint Antony the great has been in his time fruitful, prophetic and full of divine wisdom acquired through graced ascetic life[4].

Saint Antony the great has transformed the desert of Egypt into the city of God vibrant of Coptic Christianity which is indigenous, vernacular, rural, graced ascetic, communitarian and Spirit filled with the centrality of the Word of God heard and responded to in a radical discipleship.

How do the graced ascetic life and the radical discipleship of Saint Antony the great respond to the challenges of religious education in today's African Christianity?

What are the socio-cultural contexts in which today's African Christians gain an insight about Jesus, the Savior of the world as the starting point of their radical discipleship?

How is the life of Saint Antony the great, the model for African Christianity which is indigenous, vernacular, graced ascetic, communitarian and Spirit filled?

The aim of our theological reflection is to link the alternative way of living the Gospel by Saint Antony the great in the society of his time to a quest for an African Christianity which is humanizing and committed to solidarity, justice and peace.

---

[3] Flaubert, GUSTAVE. The Temptation of Saint Anthony, translated by Walter Dunne, Chicago, 1904.

[4] Graced ascetic life is the divine gift of accepting, Jesus, the Savior of the world as the Lord of one's life through the guidance of the Holy Spirit.

A new paradigm of African Christianity based on everyday life of the sick, the poor and of vulnerable women is hoped for as a radical following of Jesus.

This radical following of Jesus will be a prophetic attempt to be in communion with the suffering humanity in Africa.

By participating to a creative and transforming love of God descending in Africa through, Jesus, the Savior of the world African Christians will bring about a new lifestyle of sharing the mission of their redeemer by committing themselves for justice, peace and solidarity.

1. Today's African Christianity and the need of graced ascetic life and of radical discipleship under the spiritual guidance of Elders

The life faith journey of Saint Antony the great is the illustration of the evangelical words: "Whoever wants to come after me, must deny himself, take his cross every day and follow me" (Luke 9, 23).

Saint Antony the great life is a constant exercise of generosity and the quest for spiritual excellence leading to interior freedom and transformation.

The personal encounter of saint Antony the great with Jesus, the savior of the world, two hundred years after Jesus' lifetime, is a calling to abandon everything he owned for the sake of radical discipleship.

By leaving the Constantine and compromised Church of his time free of blood martyrdom, Saint Antony the great enkindled and ignited his passion for the Gospel in his quest for a true interior freedom and transformation.

His walk in life in the history of humankind has been to follow literally Jesus who led him step by step towards a balanced life of hermit and monk.

Saint Anthony the great did not marry. He was not a priest and he did not strive for better social position in life.

Inspired by the words of Jesus in Matthew 19: 21, Saint Antony the great considered himself as the Rich Young man to whom Jesus was addressing this instruction: " if you want to be perfect, go and sell all you have and give the money to the poor , and you will have riches in heaven ; then come and follow me" .

Saint Antony the great gave away his inherited properties, as he was born in a wealthy family, sold his belongings and distributed the money to the poor, and went into the wilderness of Egypt in quest of the authentic treasure: the communion with the Trinitarian God of Jesus Christ in radical discipleship.

To battle against the powers of evil, Saint Anthony, the beginner in graced ascetic life, was trained by the hermits and monks of the desert of Egypt, sufficiently experienced in the ways of living the Gospel in the hostile settings of the wilderness.

These hermits and monks were African Christians committed to the life of prayer and penance outside their village's territories. They lived on manual work and were personally involved in God's experience through the mystical impulses of the Holy Spirit. They were for Saint Antony the great, experienced Christians who taught him the virtues of steadfast endurance, of humility, of patience and of gentleness. Their words were sought for the practice of contemplative prayer and the strenuous discipline of life.

Saint Antony the great relied on the words and examples of the Desert Fathers who taught him how to be guided in order to be the disciple of Jesus accomplishing his will through spiritual battle against supernatural temptations and human weakness.

The experience of an encounter with Jesus happened as Antony the great confronted the forces of evil which were preventing him to mold his solitary life to the life of the savior of the world.

Leading a poor life in mountain caves near the Red Sea and in tombs, Saint Antony retreated in meditation and contemplative prayer, grew in evangelical perfection and purity of life by following the examples of the desert men of experience as the living rule of his hermetic and monastic life.

Saint Antony the great ordered his life by putting into practice the living example of the elders of the desert of Egypt.

Saint Antony the great encountered, Jesus, the Savior of the world through the living examples of the Desert Fathers of Egypt.

Their way of living their relationships with their Savior, Jesus the Christ was through disciplinary practices: Geographical separation, seclusion in discomfort, little food, little sleep, intense and continuous persistent prayer life, rumination of the Word of the Gospel, spiritual guidance of the senior hermits and anchorites, manual work and spiritual warfare against lurid and often sexual forms of temptations.

In today's religious education, African Christian's ought to learn from Saint Antony the great the value of personal prayer.

Personal prayer is not a mere practice of pious devotions. Personal prayer is a call to participate in the mission of Jesus, the savior of the world by sharing in the Spirit his obedience to his Father.

Personal prayer requires the necessity to cut off oneself from the noisy daily life.

By taking advantage of silence and solitude in the midst of daily life, an experience of prayer is possible.

From time to time, it will be profitable for African Christians to abandon radio, television, portable, video-games, Walkman, cell phones for a deeper search of silence and solitude in prayer. The desert experience within a daily life is necessary for spiritual growth.

Prayer life in Christian perspective is always an attention to the word of God. Only silence and solitude can help to live the experience of a prayerful encounter with Jesus, the Savior of the world and the Word made flesh in human form.

The whole life of Saint Antony the great is the search for a peaceful encounter with Jesus, the savior of the world, in silence and solitude.

Jesus, the Savior of the world is encountered by sharing in his suffering. Saint Antony the great was tested by the evil spirits of the desert and by the wild animals. By resisting the evil spirit of the desert through mortification, Saint Antony the great won a victory over them by transforming the desert into a sacred place of God's presence.

Likewise, African Christians are called today to transform their household, their working places and markets into places of the sacred presence of God

In today's African Christianity, the role of Elders in faith and ethical life should be emphasized.

What the elders say and do will be an example that can inspire and rekindle the fervor of the beginners in Christian discipleship.

African Christianity would be alive and fruitful through the personal quality of dialogue between elders and beginners.

Elders would be the models of African Christians by putting into practice the insight they gain from their encounter with Jesus, the savior of the world.

By educating by their actions, the Elders of African Christianity will promote a personalized and adapted Christianity to the needs and capacities of the disciples of Jesus, the savior of the world.

Jesus, the Son of God made man and the savior of the world comes to the lives of many African people impoverished and wounded in times of great needs and untold suffering and misery through various manifestations of Christian love and commitment against sickness, malnutrition, ignorance, unemployment, under-employment, poverty, stigma, gender imbalance, discrimination and unjust social structures.

Sickness, malnutrition, ignorance, unemployment, under-employment, poverty, stigma, gender imbalance, discrimination and unjust social structures are the evils to be fought against as they diminish the quality of human life.

These evils marginalize the majority of people and deprive them from material wealth, social power and economic opportunities.

Antony the great went to the Desert for a new experience of God with the fresh passion for spiritual warfare against evils of solitary life such as: boredom, laziness, pleasure of the flesh, imaginary illusions, divided and conflicted self, lack of interior peace.

Antony the great was searching for the fullness of life through a virtuous life that makes possible communion with God, with his hostile environment and with the people around to minister to.

The successful quest for communion of Saint Antony the great reached the peak of graced achievement at the age of 54 with the interior transformation that allowed him to initiate a community life for monks and for which he was spiritual leader for more than 50 years.

The African Christian spirituality of Saint Antony the great is that of Jesus, the Savior of the world. It is the spirituality of the Gospel lived with the help of the Holy Spirit of God that endows the radical disciple of strength against the forces of evil.

Evil is present everywhere in the good creation of God. The radical disciple of Jesus, the savior of the world is called to love and follow Jesus by doing what he would do today.

In today's Africa, we need people of the stature of Saint Antony the great to fight the evil forces related to sickness, malnutrition, ignorance, unemployment, under-employment, poverty, stigma, gender imbalance, discrimination and unjust social structures.

In the historical context of post-colonial nation- states, African Christianity must become more indigenous, more vernacular, more communitarian and more Spirit-filled.

Jesus is to be found in the sick, in the illiterate, in the poor, in the stigmatized, in the vulnerable women, in the discriminated and in all who are suffering from unjust social structures. "Whatsoever you do to the least of my brothers, now you do unto me" (Matthew 25:40) has been a reminder of Jesus' presence in the midst of African wounded people.

Jesus, the Savior of the world is still inviting the suffering people of Africa, those who are vulnerable and rejected to come to him so that they may find in him, courage, hope, peace and rest (Matthew 11: 28).

African Christians are the channels by which Jesus continues his mission of promoting growth of all, social justice for all and equity for all.

Jesus, the Son of God made man came into our world so that we may have life and have it abundantly (John 10:10).

The sanctity of God's life in African socio-cultural contexts is threatened by illness, poverty, brokenness and suffering.

Whoever tirelessly toiles with passion against sickness, ignorance, poverty, stigma, discrimination, gender imbalance, and unjust social structures that dehumanize and depersonalize African people comes to an insight about Jesus, the Son of God made man and the savior of the world.

Jesus, the Son of God made man is the brother of all human beings in hopeless situations.

As the risen Christ, Jesus stands by the sufferers and continues his mission of mercy, compassion and love through the radical discipleship of African Christians.

Radical discipleship advocates for an inclusive and integral development of all by stressing human concerns, fellowship, social justice and a world free of pain, misery, hunger, disease, violence and wars.

Jesus' struggle against evil powers and his victory over supernatural temptations, sin and death is the ground for African hope.

Jesus, the Savior of the world invites his followers to care for the poor, the captives, the shunned and the rejected (Luke 4: 18-19).

Jesus, the Savior of the world is still relevant to the pluralistic and multi-cultural Africa full of various forms of poverty and exclusion.

Jesus' work of salvation still strengthens human dignity and empowers for social change.

The Gospel can germinate the seed of alternative society based on memories of Jesus expressing God's love for the cherished children of God.

Through the Church, mystical Body of the risen Christ in which flows God's grace of incarnation and salvation, African converts could be integrated in the inclusive community of the Savior by their commitment for a just and ordered society called the Kingdom of God.

The experience of the encounter with Jesus, the Son of God made man and the savior of the world often leads to a new look of the Africans on how God has been at work in their lives in times of hopeless situations.

This awareness of God's activity in the Africans' lives implies for the individuals a change of heart leading to hope, strength, healing and love.

To receive and embrace the Gospel for newly evangelized and baptized African Christians enable to a radical new style of life based on fraternal and compassionate companionship with the sons and daughters of God.

The religious experience of encounter with Jesus, the savior of the world introduces the newly evangelized and baptized African Christians into a new life of faith, hope and love based on appropriate actions that show love and concern to people in times of great needs.

Among the great Christian emblematic figures of early African Christianity such as Tertullian, Cyprian, Augustine and Antony the great, we propose for African evolving Christianity the inspiring model of radical discipleship of Antony the great[5].

Antony the great was an evangelized and baptized disciple of Jesus who promoted in eastern desert of Egypt an African Christianity which is indigenous, vernacular, graced ascetic, communitarian, Spirit filled and relying on the victory of Jesus as the savior of the world.

What are the socio-cultural contexts in which Africans gain an insight about Jesus, the savior of the world as the starting point of their profound conversion and how the life of saint Antony the great could be for today's Africans an inspiration for a radical discipleship?

What insight can we gain from Africans' encounter with Jesus, the savior of the world?

2. The Socio-cultural contexts in which Africans gain an insight about Jesus, the Savior of the world as the starting point of their profound conversion

The socio-cultural contexts in which Africans live compel them to seek beyond their present-day challenges a ray of hope in Jesus, the Savior of the world.

African desperate situations provide occasions for personal encounter with Jesus, the savior of the world.

Hearing the words of Jesus in the Gospels, for Africans, is always an insight into his work of salvation.

The down-to-earth approach of Jesus to salvation is relevant to African situations in need of strength from more communion and solidarity.

Only Jesus, the Son of God made man and the Savior of the world can open an absolute future for African situations.

The lack of peace and security in most African countries especially in Democratic republic of Congo and in South Sudan is an enormous challenge to the rule of law and good governance.

Fratricidal recurrent wars in Mali and Somali are a threat for regional peace.

---

[5] Athanasius, *Life of Antony*, Caroline White trans. London, Penguin Books.

A day-to -day tragic violence disrupts the course of peaceful life.

The lack of distributive justice and sense of common good in most post-colonial states are destroying the quality of life of African individuals, families, communities and societies.

The erosion of family values by irresponsible and unhealthy behaviors are bringing untold pain and suffering to the people of Africa.

Fragile economies are made vulnerable by the mismanagement of the material, human and financial resources.

The signs that Africans are failing to build up a well ordered and harmonious society according to God's design are visible everywhere.

African contemporary world is upside down. Broken relationships are the root causes of dysfunctional families and absence of responsible love relationships among citizens.

Our beloved continent has become a place of survival instead of being a land of opportunities and growth for all.

To face present day challenges of religious education, African Christians need to reclaim the patrimony of Saint Antony the great of graced ascetic life for the sake of contextualization.

The contextualization of the patrimony of Saint Antony the great of graced ascetic life should respond to the problems, challenges and aspirations of African people.

Saint Antony the great can inspire the suffering peoples of Africa. His heroic way of living and his spiritual warfare are a call for action against the contemporary forces of evil.

Inspired by the communitarian spirit of Saint Antony the great, as Father of monasticism, an African Christian must practice solidarity by rejecting all forms of individualism that lead to self-interests. A social commitment to be kind to one another must replace mob justice, witchcraft, spirit of revenge and wars.

Above all, it is important for African Christians to search for spiritual excellence through piety towards the Trinitarian God of Jesus Christ. He only can grant the spiritual strength that comes from continuous prayer and imitation of Jesus, the savior of the world and the friend of the marginalized.

3. The Life of saint Antony the great as an inspiring model of African indigenous, vernacular, communitarian and Spirit filled Christianity

Antony the great emerged in his time as a radical disciple of Jesus, Savior of the world.

His battle against evil powers based on the victory of Jesus, the savior over temptations, sin and death made him one of the famous Desert Fathers.

Saint Antony the great valued the people of the Desert of Egypt and their cultures.

In Egyptian monasticism, the Word of God was proclaimed and shared in Coptic language.

Saint Antony the great incarnated the Gospel in the Coptic culture. The liturgy of the monks was vernacular and their way of life was indigenous.

The graced ascetic life of Saint Antony the great is still relevant to African Christianity which is indigenous, vernacular, communitarian and Spirit filled.

Graced ascetic life in today's African context means that only people who have experienced the love of God through Jesus Christ in the Spirit can be agents of change in our suffering world. By participating in the divine life of Jesus and by sharing his compassionate mission towards all the marginalized, African Christians, like Saint Antony the great could become the prophets of hope for an inclusive and integral development.

In African Christianity, it is desirable that Elders may be the models of faith and ethical life. Like Antony the great, they will be followed because they are the imitators of Jesus, the savior of the world. Their Words and actions inspired by the Gospel will attract personalized obedience to the Word of God. And Elders will have a tremendous impact in the foundational process of the Kingdom of God in Africa.

Concluding remarks:

An encounter with Jesus, the savior of the world is never an isolated phenomenon.

To follow Jesus, the savior of the world is to bring the Gospel to the people God has given us to actualize the insight of our encounter with his Son in his Spirit.

The radical discipleship of Saint Antony the great has allowed him to bring together the Coptic people of the Desert into the body of Christ in original and indigenous monasticism.

African Christians are called today to participle in the mission of Jesus, the Savior of the world by sharing his life of personal prayer and his battle against the evil forces of God's creation.

By becoming loving people by God's grace, African Christians can contextualize the patrimony of Saint Antony the great by caring for the suffering humanity.

sick, poor, vulnerable women, marginalized, afflicted and oppressed people are in today's African Christianity the battlefield of the disciples of Jesus for an inclusive and integral development.

RELIGIOUS STATE AND AFRICAN TRADITIONS

The religious state[1] to be relevant and fruitful in Africa south of the Sahara must rethink its identity and take root in the traditions that feed the cultural life of the peoples of the continent.

Sub-Saharan traditions are different from those of the place of origin of the charisms of institutes of consecrated life.

The African traditions south of the Sahara[2], carefully guarded, are necessary for the rooting of the consecrated life whose basic requirements are also within reach of Negro-Africans.

The values advocated by traditional African communities such as solidarity, conviviality, celebration of life, ancestor worship, ritual prayer, hospitality, interdependence, collaboration, co-responsibility, relationships fraternal, respect for the elders, active participation in collective events, mutual aid, compassion for the poor and sacred ecology are the meeting points between the religious state and the way of life of the peoples of Africa south of the Sahara.

To live a genuine encounter with those who hold African traditions, the religious state must listen, recognize, respect and promote the values of people called traditional African communities to live the gospel in the spirit of institutes of consecrated life.

The religious state must recognize in every African person called by God to follow more closely the obedient, poor and chaste Christ of the Gospel, a human being who carries the cultural values of his community of origin.

Indeed, the call to the religious state is always the fruit of a personal encounter and love with the mystery of Christ of the gospel[3] that fascinates by his obedience, poverty and chastity[4].

---

[1] The religious state is a life consecrated by evangelical counsels. This consecration is expressed, following St. Thomas Aquinas (Theological Summa, Q. 188, art 1, 2) by the classic vows of poverty, chastity and obedience. The religious state is an ecclesial state recognized and defined by the code of canon law of 1983, n ° 574. It is a commitment to live forever the gospel with other people consecrated by the evangelical councils in an institute and the within a local church.

[2] African traditions are the set of endogenous and ancestral values transmitted by clan and tribal family communities in sub-Saharan Africa.

[3] The Christ of the gospel is the one who is alive forever and who continues to journey with the men and women of all times.

[4] John Paul II, Post-Synodal Apostolic Exhortation, Consecrated Life, Cerf, Paris, 1996.

This call is an extension of the baptism in which the consecrated person chooses in a particular and special way to put Christ at the center of his life, without spouse or descent, by favoring a fraternal life in an institute of consecrated life.[5]

The fraternal life in view of an ecclesial and apostolic mission aims at unifying the consecrated person in his outburst of love for God and for the neighbor.

Through total self-giving in response to the infinite and saving love of God, the consecrated person in an institute anticipates life in God and God by affirming the primacy of God's relationship to all human relationships.

Prayer becomes for the consecrated person the means of union with God and the place par excellence of openness to the neighbor by humble and modest services according to the varied forms of spiritualities and apostolates of the religious state.

The Christ of the gospel is the Word of God made flesh and manifested in Jesus of Nazareth who assumes the historical and corporal condition of humanity to reveal the Father and to promote his Kingdom.

The unique event of the redemptive incarnation aroused in the Church in the 3rd century of the Christian era the religious state constituted of all the consecrated persons who decide to follow the lifestyle of Jesus in community in the celibacy for the Kingdom of God.

Thus inflamed with love for the risen, obedient, poor and chaste Christ, the consecrated persons who respond to the call of the religious state are "fiery beings whose passion is born of a personal relationship with Jesus and with God.[6]"

Consecrated people joyfully receive the gift of being associated with the redemptive work of their Master and Lord by experiencing the presence and action of God in human history.

The call to know the obedient, poor and chaste Christ to love and follow him more closely corresponds to the desire to live like him in fraternal communion radiating love for the poor, marginalized and excluded from society.[7]

---

[5] Vita CONSECRATA No. 14. 17.19. 51.

[6] Jacques HAERS, Living the vows at the borders, Éditions LESSIUS, 2006, p.13.

[7] Jean-Marie TILLARD, Before God and for the world. The religious project, Cerf, 1974.

Traditional African societies are organized to transmit from one generation to another the sense of solidarity and the family through consanguinity, adoption, affinity and alliance.

Sub-Saharan traditions are neither static nor immobile. They consist of rites, customs, rules of life, forms of social organization, literature, know-how and ceremonies that are renewed in each generation according to the concerns of the moment.

Each member of the traditional African communities is welcomed into the genealogical communion as a continuation of customs, institutions and customs that bring out the human as perceived and conceived by the ancestors of the African south of the Sahara.[8]

Our goal is to provoke a renewed theological reflection on the religious state in the sub-Saharan context by helping to update its relevance and fecundity.

It will be a question of re-imagining the religious state in an Africa that is modernizing without neglecting its ancestral cultural foundations. It is by living the mystery of the call to follow Christ, poor, obedient and chaste in a Church in communion with the traditional communities south of the Sahara, that the reconciliation of ancestral values with the evangelical inspirations will be on the horizon.

The gospel lived by religious institutes is the one that invites every human being to spiritual growth by awakening his personal consciousness and encouraging his creativity, his responsibility and his capacity to love the cosmos, the neighbor and the one who is at the source of all created realities, the God of Christian revelation.

The gospel lived by religious institutes is part of human life through meetings and dialogue respectful of traditions in Africa south of the Sahara. To develop freely in solidarity and communion, the religious state in Africa south of the Sahara must listen to its members from traditional communities marked by their family history, clan and tribal.

It is by working in a spirit of communion with the traditional communities in sub-Saharan Africa that the religious state while preserving its identity could create bridges between Negro-African values and the inspirations of the Gospel.

[8] Eloi MESSI METOGO, "The salvation seen from Africa", The Spiritual Life, Paris, Cerf, n ° 665 May-June 1985, p.301

Indeed, religious brotherhood[9] and membership in a religious institute do not erase the relationship to ancestors and social bonds with brothers, sisters, cousins, uncles, aunts, nephews, nieces and grandparents.

A critical evaluation of the links of members of religious institutes from traditional communities in sub-Saharan Africa will have the merit of not isolating members of religious institutes from their traditional African backgrounds. This evaluation would prevent members of religious institutes from hostility to traditional African milieus, separatism, religious syncretism, inadmissible compromises, hypocrisy and evangelical counter-testimony.

1. Is the religious state in its evangelical radicalism different from the spirit of fraternal communion in traditional communities in sub-Saharan Africa?

The religious state as an irreversible and totalizing choice commemorates Jesus' community life with his disciples.[10]

The religious state is inspired by the gospel, the living power of the Spirit of the beloved Son in the Church. The religious state testifies in the Church of the coming of the beloved Son who inaugurates the end of time by his resurrection.

The religious state actualizes the precious and necessary gift of the community life of Jesus with his disciples in the dynamic of a prophetic[11] and mystical witness with the enthusiastic commitment of the religious vows of obedience, poverty and chastity to embody and announce the Kingdom of God.

The practice of Jesus' community life with his disciples is an invitation to perpetuate the gift of self in the love of Jesus to his disciples until death on the cross leading to the resurrection and the gift of the Holy Spirit for the constitution of the Church, the social and spiritual body of Christ in solidarity with the poor, the poor and the excluded.

---

[9] Religious fraternity is the common life adapted to the spirituality and forms of apostolic work institutes of consecrated life.

[10] Jean -Claude Guy, Religious Life, Evangelical Memory of the Church, Centurion, 1987.

[11] Jean-Baptiste Metz, A time for religious orders? Mysticism and politics of the following of Christ, Cerf, 1981.

The religious state consists in living together and forever the gospel according to the rule of a founder of religious institutes by free choice and by a public promise recognized by the Church.

The religious state realizes communion among the members of institutes of consecrated life. This communion supports and helps ecclesial communion by becoming the prophetic sign of a world lacerated by economic, social and geopolitical divisions and cleavages.

By sharing with their companions and loving each other as Jesus loves his disciples and by rethinking this way of life close to the poor and excluded according to the evolution of the society in constant mutation, the religious learn together to become men and women. women of faith and communion and brothers in Christ.

The community of Jesus' disciples is organized for fraternal communion for the mission of the Kingdom of God.

The members of a religious community live together in solitude and silence. They meet through gestures and words that build their religious fraternity which is their path of humanization. They share their faith by praying together and by obeying a common rule that defines their singular identity.

The religious community is the place of personal sharing between those who by divine vocation are gathered in a religious institute for the service of the Church and the world.

This religious fraternity promotes exchanges on the common mission and weaves the bonds of communion through the long tradition of evangelical counsels.

The gospel is at the heart of fraternal communion and mission and the rule of the religious institute serves as a mediation between Jesus' message of love and its application to the sectors of social and human reality.

The religious community is the place of mutual acceptance of the frailties and wounds of the members united by the bond of love allowing them to exchange on their common projects of life and mission.

The religious community invites self-help that leads to mutual support and mutual forgiveness.

It is by crossing the differences of cultures and ideologies that a culture of the gospel is built up based on encounters, mutual listening, fraternal sharing and the search for unity and peace.

Gospel culture celebrates life through Eucharistic communion that invites mutual help and solidarity with the poorest to honor their human dignity and to reveal the presence of the God of love.

The religious by their consecration to God through the profession of the evangelical counsels reveal the presence of God by their life of prayer, their spirituality, their communal life and their apostolate.

By their religious profession, the consecrated persons give up all inheritance of movable and immovable property of their family and clan to put themselves at the service of humanity in a radical availability and in a spirit of sharing.

By imitating the testimony of the beloved Son of the Father (2Corinthians 8,9), the religious place themselves at the disposal of their contemporaries by giving themselves totally to their service and by creating institutions that combat the degrading sociological poverty.

The commitment of consecrated persons in evangelical poverty reflects the mystery of the beloved Son who enriches humanity with the presence of God in him by giving himself totally to her.

This gift of self in evangelical poverty disposes consecrated persons to fight precariousness, poverty and underdevelopment in Africa south of the Sahara.

The vow of evangelical poverty has the heart to give, to give and to share.

By their consecration to God, religious refrain from any carnal relationship to reserve all their energy for their community life and their mission of evangelization.

By directing their affective and sexual impulses towards perfect chastity including continence and celibacy, consecrated persons emphasize the definitive and free choice of their preferential relationship to the beloved Son of the Father (Matthew 19: 10-12).

They are dispossessed of their own will by the vow of obedience to be sent to a fraternal community to live and to collaborate in the work of evangelization.

The work of evangelization is nothing but a life offered for the Kingdom of God, a project that respects the dignity of man created in the image and likeness of God.

Living together in African traditions responds to an ethical, social and political model of the extended family.

This model of fraternal communion[12] involves rites of initiation that allow the individual to grow, to build in the time and space of a community that adopts it.

Rites of initiation are at the heart of community life in African traditions. They give meaning and direction to the social life of the individual and confirm his identity.

Rites of initiation are ceremonies and rules to be observed that mark the totality of the human life of an individual who is part of his community from birth to death.

In sub-Saharan Africa, initiation rites vary according to geographical area.

The initiations are schools of life that insert the individual into the workings of traditional communities.

The initiations are done at the school of initiation teachers experienced in the art of confronting the individual to the way of life of the group to which he belongs by birth or adoption.

An initiation requires the whole individual: his emotions, his sensitivity, his intellectual capacities, his openness of heart and his social commitment.

Initiation allows the individual to modestly take his place in the social group in a spirit of communion with the ancestors and in an interior disposition of participation in events that punctuate the common life.

Initiation educates the spirit of interdependence in co-responsibility with the living who constitute the social group.

[12] Initiation is a programmed and stereotyped ritual act that inserts an individual into a community through effective gestures and words that ensure their bodily protection and social well-being. Initiation is peculiar to traditional communities deeply linked to nature that requires adaptation to seasons and events through rites of coherence, passage, separation and aggregation.

By placing the individual in the network of social relations of the group, initiation rites help the individual to conform his way of life to that of the ancestors of his family and his clan.

So, he reproduces attitudes and behaviors of ancestors by referring to their approach to the human.

The originality of the human approach in traditional African communities lies in the celebration of the rites of communion between ancestors and the living.

Initiation gives a social meaning to every stage of human development subject to the vagaries of nature and the fragilities and wounds they cause.

Initiation reveals the infinite possibilities that are germinating in every human being by deploying them in a social setting and attaching them to nature and ancestors.

A school of progressive human maturation, initiation makes the human being aware of his solidarity with nature, the perception of the invisible world of ancestors and intermediate spirits and the necessity of mental and physical exercise within a community. To dominate fear, anguish and suffering.

The rites of passage, cohesion, separation and aggregation make traditional African communities places of celebration of life and solid ramparts against fear, anguish and death.

Rites as regular social activities punctuate the daily life of traditional African communities. They introduce in them, order, coherence, security and fidelity to the laws and customs of the ancestors.

Thus the religious state is distinguished from the traditional sub-Saharan communities as a gift of the Spirit of the beloved Son of the Father. It is a call and a task to be done to anticipate the Kingdom of God. The horizon of the religious state goes beyond the survival strategy of a community in a situation of humanization of nature.

2. The religious state in Africa south of the Sahara on the borders of African traditions

The religious state in Africa south of the Sahara is invited to creativity to deepen its reverential relationship to the traditions of communities that rely on the worldview of their ancestors.

Choosing the religious state in the socio-cultural context of sub-Saharan Africa is like rowing against the current of ancestral traditions.

Those who make vows of obedience, poverty and chastity in sub-Saharan Africa freely choose to put themselves on the margins of the ancestral communities that organize their lives in a perspective of strategic survival.

For example, are religious who make vows of obedience, poverty and chastity in communities other than their home communities considered rightly or wrongly as people fleeing their social responsibilities to their communities? local communities of origin.

Indeed, ancestral traditions guarantee to family, clan and tribal communities a soothing harmony through the rites of passage, cohesion, separation and aggregation that ensure the collective survival and security of the group.

The sense of the extended family structures solidarity around the concrete problems of everyday life.

The family, clan and tribal community becomes a bulwark against the aggressions of nature and the concrete and practical problems related to living together.

On the other hand, the religious who live according to the vows are inspired by the action of God in Jesus Christ who proposes a path of happiness whose traces are identifiable in the gospel which is the promise of a life fully fulfilled for the communion with God through the service of humanity.

Indeed, the religious state is understood only as a project of existence based on participation in the life of God revealed by the Word incarnate.

Thus, the evangelical counsels reflect the Trinitarian relations in the earthly existence of Jesus, the beloved, obedient, poor and chaste Son. In Jesus, the beloved Son, everything is received, welcomed and given back. Jesus, Living Icon of the Holy Trinity is the beloved Son whose dependence on the Father in love is total. The poverty of the beloved son is the expression of the total self-giving that the Father and the Son do to each other. The chastity of the beloved Son is this non-return on oneself, which raises the personal bond of love between the Father and the Son, the Holy Spirit.

By living the evangelical counsels, all the baptized participate in the Trinitarian life. The consecrated persons in the institutes make them the common foundations of their intense theological life[13].

Offered to all the baptized, the evangelical counsels constitute in the order of the means, stable practices redefined by the charisms and rules of institutes of consecrated life which contribute to the perfection of the love of God and neighbor.

The profession of the vows is born from an encounter with Jesus the only begotten of the Father given by love to the humanity to make hat the seeds of the Kingdom of God. The profession of vows in the Church makes it possible, by grace, to build a community that incarnates and announces with hope the eschatological future of humanity.

A consecrated life without descent announces and anticipates the universal communion where God will be all in all (1 Corinthians 15, 28). Life according to the wishes is part of the proclamation of the Kingdom of God in the wake of Jesus Christ who marries the cause of the oppressed, the poor and the excluded. The religious state favors the development of human compassion by inviting consecrated persons to look at humanity as the God of biblical revelation does (Ex 3: 7). To live according to obedience is to listen to the cries of distress of suffering humanity by engaging one's adult responsibility in a dialogue that discerns the mission of the religious state.

The religious state discerns its mission in the intimacy of a relationship with Jesus Christ, promoter of the Kingdom of God and in the interpersonal relationships of trusting friendship where authority is at the service of the concrete needs of suffering humanity. Obedience, vulnerable to the suffering of humanity, decenters the spirit of ambition and competition and allows the establishment of a religious state open to the perspective of the Kingdom of God.

Thus, the religious state is only a special and particular way of living baptismal consecration. The religious state is devoted to catechesis, education, health, the development of man and all man and the ministry of prayer.

The religious state through the diversity of the charisms of the institutes contributes to the evangelization of the world. It responds to the cultural, humanitarian and ethical needs of

---

[13] See LUMEN GENTIUM, n ° 42.

societies. The religious testify of Christ through the evangelical counsels which root in hearts the love of God visible in a fraternal communion.

The presence of religious in Africa south of the Sahara calls for "an intimate transformation[14] of authentic cultural values by their integration" into the lifestyle of the religious state.

It is by assuming the authentic cultural values of Africa south of the Sahara that the religious state will renew its way of living in contact with local realities.

without spouse and without descendants, who integrates by grace, the free choice to make of Jesus, the Son well- loved

Thus, will the religious state be in Africa south of the Sahara a fraternal way of life inspired by the Spirit, and sent by the Father to whom we are united, the center of a life offered by love for God and for the neighbor.

This fraternal way of life is for the religious, "their place of openness to the love of God and their response to this love, in the very movement of God's movement towards humanity[15] "

The religious state answers the call to the evangelical councils:

They say, each in his own way, a birth from on high: to return to obedience to receive his freedom from God alone, to flourish in chaste celibacy and continent his capacity to give himself to the other, to receive the other and to give life, to receive in poverty all good as coming from God and belonging in principle to all, that does not come from the movement of the man delivered to himself.

Only a birth in God, a birth of God in us can be the origin.[16]

[14] Jean-Paul II, *REDEMPTORIS MISSIO* n° 52.
[15] Sylvie Robert, "Theology of the Evangelical Counsels of the Apostolic Consecrated Life" UISG Bulletin, No. 145, p. 11.
[16] Sylvie Robert, p.12.

3. Local traditions that could contribute to the rooting of the religious state in Africa south of the Sahara

The religious state that faces the challenges and hardships of an increasingly secularized world must not uproot its members from traditional communities.

The religious state must encourage the study and appreciation of the ancestral institutions that govern the destiny of traditional communities and their project of society in order to express the consecrated life in the diversity of sub-Saharan cultures.

Indeed, in the broadest sense, the word "culture" refers to everything by which man refines and develops the multiple capacities of his mind and body: strives to subjugate the universe through knowledge and work: humanizes social life both family life and the whole of civil life, thanks to the progress of manners and institutions; Finally, it communicates, communicates and preserves its works, in the course of time, the great spiritual experiences and the major aspirations of man so that they serve the progress of a large number and even of the entire human race.[17]

The religious state in Africa south of the Sahara can only be lived in the humanized worlds by Negro-African cultures. The religious state can only be embodied in the habits, beliefs and behaviors characteristic of Negro-Africans. The socio-cultural milieus of sub-Saharan Africa are the breeding grounds for the forms of consecrated life present in the institutes. The process of the sprouting of the religious state in sub-Saharan Africa must bring about a transformation of the authentic values of local cultures to integrate them into their lifestyle by conforming them to the gospel.

Faithful to the Christ, the gospel and the spirit of the founders of the religious state, the consecrated life must be deployed in the particular churches of Africa south of the Sahara, following their cultural needs and their aspirations to modernity.

Certainly, Africa south of the Sahara is modernizing, but it can not do so by ignoring ancestral traditions.

---

[17] *GAUDIUM ET SPES*, n°53 (§ 2).

Knowledge of the cultural foundations of traditional communities is part of the logic of the modernization of Africa south of the Sahara.

This anthropological approach to the religious state in dialogue with local communities will not be limited to rehabilitating sub-Saharan traditions.

The religious state will make a discernment to denounce ancestral traditions that do not respect the dignity of the human person and human rights.

The anthropological approach of the religious state in the sub-Saharan context must propose, in a critical and prophetic way, alternative lifestyles based on the cultural realities of the members of traditional communities moving towards progress and modernity.

The dialogue of the religious state with African traditions must be done in a climate of discernment following an intercultural methodology that privileges cultural diversity and the sense of the religious state as a continuation of Christ in celibacy and in a fraternal community in view of the Kingdom of God.

The African context is that of a marginalized, impoverished, multicultural world with interethnic tensions against the backdrop of struggles for the capture of environmental resources.

The religious state in its dialogue with today's African context must open a space for Jesus, the beloved Son, the Father's envoy who reveals the authentic human through his lifestyle with his disciples.

The authentic human of the religious state is a gift of the Spirit of God. It is the result of the love of God poured out in the hearts by the Spirit of God (Romans 5, 5). This authentic human is a call of divine origin to transform the world into the Kingdom of God (John 1, 13).

Discerned in the faith, the call to live the baptismal consecration in a special and particular way according to the charism of the founders of institutes leads to the gift of self which leads to the reception of the other as partner of life and mission to announce and incarnate the Kingdom of God.

He disciples receive from Jesus, the Son, an irrevocable call to totally belong to their Master and Lord by continuing his mission of promoting the Kingdom of God in the power of the Spirit.

Carried by a filial relationship with the Father, the disciples contemplate the mystery of the Son under the guidance of the Spirit, conforming to him in the circumstances of their daily lives.

Obedience in the African context can be seen as the relationship of any member of a family, clan and tribal community to the figure of the eldest. The eldest because of his social position represents the experience and knowledge of the heritage of the ancestors. His authority is imposed on the cadets. The eldest's presence invites listening and dialogue to discern the common good.

Jesus, the firstborn of creation[18] and new creation becomes the model of the religious state through his filial obedience. Jesus, the beloved Son knows the Father. He is the elder brother who has the authority of the Father to establish the Kingdom of God in time and space.

The chastity of Jesus in celibacy continent in the African context becomes the figure of the other as a partner of the mission. As an "eminent gift of grace[19]," chastity can only be a call from the Lord calling for the free choice and preferential love of the beloved Son.

The poverty of Jesus in the African context becomes the figure of the neighbor with whom to share for solidarity the children of God for a universal communion.

Conclusion

The religious state in the diversity of its forms is only a call to the radical love of God and neighbor under the fraternal way of life without spouse and without descendants in the following of Jesus the beloved Son, l sent by the Father who, under the guidance of the Spirit of God, announces and incarnates the Kingdom of God.

[18] Revelation 1: 17-18

[19] Decree PERFECTAE CARITATIS, on the renovation and adaptation of religious life, n ° 12.

The religious state in the prolongation of baptism, radically puts Jesus, the beloved Son at the center of human existence in a special and special way to embody the unreserved offering of oneself which humanizes the fundamental appetites for freedom, of goods and love.

African traditions humanize initiates to family, clan and tribal community life by instilling in them the wisdom of the ancestors that teaches the criteria by which a human family is distinguished from another.

Custodians of the ancestral institutions and customs of their human family, Africans south of the Sahara who freely choose religious institutes to live their baptismal consecration, in a special and special way have the duty to integrate in their evangelical lifestyle the values authentic of their cultural heritage.

It is by drawing from their cultural heritage the treasures of their humanity, that African religious south of the Sahara will integrate the original and authentic wealth of their ancestors to the common good of all humanity.

The original and authentic riches of Africa south of the Sahara are: sacred ecology, ritual prayer, genealogical fraternal communion, respect for life and elders, the warmth of human relations, reciprocal sharing in trust and in solidarity, communion with the ancestors, co-responsibility in dialogue and palaver that leads to rites of cohesion and reconciliation.

The religious state with its rules and constitutions can integrate in its evangelical practices the sub-Saharan humanism which preaches the harmony which soothes and secures the members of a community by the conviviality and the fraternal communion.

The religious state in its dialogue with sub-Saharan traditions would embody the communion with God which is the life of unity of the Trinitarian people.

This life of love, which is the passage from the ego to the self of the community, is only realized in the complete and complete offering of oneself by the classical vows of obedience, chastity and poverty for the mission for the Kingdom of God. God.

The religious state is the baptismal consecration that discerns a special and special calling through the founders of institutes to live fraternal love without spouse and without descendants as a prophetic sign of the Kingdom of God.

The challenges of an African Christian theology of hope and solidarity

African Christian theology has addressed the problems of post-colonial societies by retrieving traditions of hope and solidarity, and inserting them afresh within the cultural context of the African Churches. By modelling Christian discourse on the traditional way of being together in post-colonial Africa, this theology has had an impact on the pastoral practice of ecclesial communities. The Church in Africa responds to the social sins of political oppression, economic exploitation and cultural alienation, giving new life to catholic traditions of natural law and advocacy in civil life. The Church, as prophetic witness proclaiming the kingdom of God in words and deeds, applies its Social Teaching to African situations, and transforms the dehumanizing crises of civil wars, displacement, poverty and legitimacy into dynamic forces of cultural change. The moral appeal to the leaders of civil society to act on behalf of justice is helping them to become the custodians of common good and stewards of God's creation. Speaking up for the downtrodden, the Church brings about social change through grassroots actions and civic movements.

Over the last few decades, the Church of God in Africa has grown significantly in number, in its distinctive traditions: Coptic, Ethiopian, Roman Catholic, Anglican, mainline Protestant, Evangelical, Pentecostal and African Instituted churches[1]. These communities have reached a greater maturity. The pastoral zeal of their leaders and the piety and activism of their members have prompted them to react in a faith-inspired way to the profound social and political changes which characterize modern post-colonial Africa. The undeniable vitality of the Roman Catholic Church in Africa is the fruit of an inculturated liturgy that speaks to the hearts, minds, and imagination of African Christians. Contemporary missionary activity has led to a significant growth of the small Christian communities[2], sometimes called Churches of the neighborhood. Under a dynamic and Spirit-filled leadership[3], the Church of Africa is responding to the challenges of the "signs of the times."

---

[1] Africa went from 1.9 million Catholics in 1900 to 130 million in 2000, a growth rate of almost 7,000 per cent. Catholics represent 13 percent of the inhabitants of the continent. Catholics have an annual growth rate of 3.5 million. Statistical data on African Christianity could be found in the annual statistics produced by G. Barett and Todd. Sometimes they are published in international Bulletin of Missionary Research. For instance, Nigeria is now home to about 17 million Anglicans out of world-wide 77 million. Anglican bishops in the world are most numerous in Africa. The Catholic population in the continent ranks second only to Latin America. While scholars debate the quality of data gathering, all are agreed that the physical presence and public visibility of Christianity may be more important than numbers; that Christianity has grown rapidly in the last three decades; that the Pentecostal charismatic movement has grown even faster because the mainline churches are now charismatized. See Ogbu Kalu *African Pentecostalism: An Introduction*, New York: Oxford University Press, 2008.

[2] Small Christian Communities are the basic ecclesial communities adopted in the countries of Eastern Africa as the ways of being the Church. From Small Christian Communities flow lay ministries, which reach out towards the youth, the sick, the marginalized, and towards other people in need of Jesus' message of salvation. Small Christian communities grow through gospel sharing, prayer and fraternal meetings leading to missionary activities.

[3] Two – thirds of the world's 200,000catechists are Africans.

In the field of academic reflection, African Christian theology emerged in the 1950s: it acknowledged the need to incarnate the Gospel, using the best insights of African cultural values compatible with the tradition of the Catholic Church. After the visit of Paul VI in Uganda in the late 1960s, African Christian theology took up the task of relating the Gospel to modern African cultures: it put a special emphasis on the role of conversion to the living Word of God as a factor of anthropological fulfillment. The birth of an African Christian theology of inculturation has provided intellectual resources for liturgy, catechumenate schools, pastoral care, and lay ministries. During the 1970s, African Christian theology became aware of dehumanizing situations, and called for the restoration of the human dignity of the victims of structural oppression and exploitation. After the end of the Cold War, an African theology of reconstruction tried to find opportunities to build just, peaceful, and reconciled societies in Africa. It promoted the values of open fraternity, personal integrity, and servant leadership.

These various currents of African theology have developed an African Christian theology of hope[4]. My purpose here is to examine the value of this theology of hope and solidarity, as an hermeneutic tool for the Church of God in Africa: what is the proper relationship between this theology and the previous ones, which promoted inculturation, integral human development and national reconstruction? Who are the Christian heroes of hope and solidarity in today's Africa? The meaning of hope, as given to us by Jesus Christ, through his life, ministry, death, and resurrection, needs to be clarified, in order to become an incentive to deal with the challenges of mass poverty, bad governance, and more profoundly with the current identity crisis and afro-pessimism, which are only producing fear for the future.

1) The challenges of the Church of God in modern post-colonial Africa

The first challenge of the Church of God in Africa within the context of post-colonial statehood is that of mass socio-economic poverty with its concomitant ills: ignorance, disease and malnutrition. Most people in Sub-Saharan Africa are victims of human-made poverty. They have no access to clean water, adequate housing, medical care facilities, and skilled jobs. In a disastrous economic environment, many survive through a mendicant lifestyle, hereby losing their human dignity. Even the Church of God remains dependent on outside help. Africa has the lowest standard of living in the world. Ill-conceived development projects increase the suffering and frustration of working people, leaving them on the margins of affluent society.

[4] J. Moltmann, a German protestant theologian is known for his concern for social ethics, and a proper appreciation of the relationship between the church and society. He is the great theologian of hope. See *Theology of Hope: On the Ground* and *the Implications of a Christian Eschatology*, SCM Press, London, 1967.

The labor of working people and peasants only increases the wealth of greedy African leaders. Economic surplus is not invested in social amenities. Exploitative modes of production and a predatory neo-colonial economy deprive the vulnerable people of a fair share of national resources.

The second challenge faced by the Church is bad governance by self-serving public officials. Most of them in Africa are corrupt, and hijack the limited resources of their communities for private use. Authoritarian and selfish leadership creates social tensions and unrest, sometimes erupting into civil wars which only seek to gain control of resources. The continent is also ruined by the need to repay national debts and accumulated interest on them.

The third challenge is a growing afro-pessimism, generated by bitterness and disappointment: people no longer believe in themselves as agents of their destiny. Their way of living together no longer carries with it any hope of improvement. Apathy and pessimism have become common attitudes under the hot sun of Africa.

What are the tools which today's African theology could use, in order to take up these challenges ? Knowledge of its historical background may help it to find a proper way, and to respond adequately to the needs of the people. As distinctive contributions to global theology, African Christian theologies are creative, critical, contextual, and articulated reflections on who God is and how the divine presence is experienced in the personal and communal life of the newly evangelized believers of the continent[5]. As passionate theologies of selfhood, they are best understood in the context of a larger movement of protest against the negative aspects of colonial presence. They embody the beliefs, the practices and the values of African converts in all the significant areas of their lives.

Our investigation will explore the varied and complex phenomenon of Christianity in Africa. We believe that theology of inculturation is an ongoing process through which the good news of salvation is made effective, and shapes the behavior and cultures of the faithful. In our analysis and interpretation of African situations, our understanding of the Christian message will bring us to call for human promotion and solidarity, and to react against all forms of discrimination, stigmatization, and marginalization. A theology of reconstruction which considers that African societies are called to constitute the family of God is presumed, in our analysis: it advocates a contextual theology which explores the connection between God's plan to establish the kingdom and the process of nation building. Such an attempt is not isolated: it

---

[5] *Ad Gentes* 22, of Vatican II clarified the meaning and purpose of the missionary work of the Church.

falls within one of the major trends of African Christian theology today. Because these trends may not be well known, it may be necessary to give some information about their developments. They try to indicate how the Church in Africa can help to give shape to a new future, based on Christian beliefs, practices, and values. Could Christianity provide a solid religious foundation on which present-day Africa could build a new society?

2) From inculturation to human promotion and solidarity

The missionaries who evangelized Sub-Saharan African countries in the eighteenth and nineteenth centuries did not know any African Christian theology and did not present the Christian heritage in a way adapted to a non-Western context. The purpose of their evangelizing mission was to bring to the Africans the light of Christ, in all its social, political, and economic dimensions. Missionaries asked for an uncompromising obedience to the Word of God, for conversion and for a personal and communitarian appropriation of the gift of salvation in faith. Converts were to follow the road Christ had opened for them, through his incarnation, ministry, death, and resurrection. The gift of faith was often received with enthusiasm, and people acknowledged the lordship of Jesus Christ over their lives. They shared in his victory over sin and death, committed themselves to shape their lives according to the moral code they were taught, and experienced a renewal of religious aspirations and hope.

This existential and pragmatic approach to evangelization has been successful in most parts of Sub-Saharan Africa. Christian missionaries in Africa south of the Sahara preached against the slave trade, against the abuses of colonial powers, idolatry, witchcraft, inequality, and injustice. They helped the people and communities, by establishing new institutions to deal with economic and social needs. Health care institutions and schools improved the standards of living. Christian missionaries made African people aware of their dignity as children of God. They made Jesus known as the savior who "gives light to those who sit in darkness": he invites them to claim their human rights, and to fight against the abuses of colonial rule. Christian mission became a pathway to emancipation and decolonization. African Christianity contributed to the end of colonial rule by providing leadership to the movements of emancipation. Missionary Christianity addressed the issue of mass poverty by encouraging development projects, by helping people to acquire managerial skills or micro-loans, and by setting up cooperative units of production. They tried to alleviate the harsh conditions of living of working families. A collective well- being, in the spirit of the beatitudes, was shown as something worth striving for, and lay groups and ministers were given appropriate formation and training, in accordance with the guidelines given in the social teaching of the Church on natural law doctrine. A pedagogy of hope was devised, which would apply the traditional imperative of solidarity to new economic situations.

The Western missionaries came to Sub-Saharan Africa in order to continue the ministry of Jesus and to educate African converts in the faith of the Church, as expressed in specific traditions. They believed that Jesus of Nazareth was the manifestation of the divine presence in the historical setting of first century Judaism. Through his death and resurrection, Jesus has become the savior of the world. He has reshaped the old world by his victory on Calvary. Evangelization proclaimed this and meant to draw the divided human family together. To bring this good news of salvation to Africa, Christian missionaries addressed themselves to the court officials of African kingdoms, and to their rulers, such as Don Alfonso I, of the kingdom of Congo. At the same time, they associated themselves with the outcasts of African traditional societies. Taking their stand among the pariahs, Christian missionaries spoke on behalf of the slaves, the poor, the widows, the orphans and the oppressed. Most of the earliest converts of Africa were neglected members of their societies, who found new possibilities of fulfillment in the Church. The new faith brought to them by people who had come from afar, impressed them by its concern for the poor, the sick, the aged, the weak, and all those who were vulnerable.

The resurrection of Jesus was at the center of missionary preaching in Sub-Saharan Africa. It paved the way for a new and original understanding of God. The theology that took shape on this basis presented Jesus as the master-builder of a new order based on the love of God that defeats evil in its various forms. Ignorance, oppression, exploitation, human fear, and historical crises produced by nature or by greed were to be overcome. Christ's ministry, passion, death, and resurrection reveal God's commitment to restore human strength and godliness. Jesus' victory over evil on Calvary was to become the starting point of an African Christian theology of hope and solidarity[6].

This proclamation of the Gospel in Sub-Saharan Africa gave birth to an oral Christian theology. Systematic, critical, and scholarly Christian theologies began in the middle of the twentieth century: Church officials and theologians involved in pastoral work organized academic colloquies, which dealt in a systematic way with various problems in connection with Christian faith[7]. At the end of the nineteen- fifties and the beginning of the sixties, emerging

[6] John S. Mbiti, *Bible and Theology in African Christianity*, Oxford University Press: Nairobi, 1986.
[7] The publication in 1956 of a book entitled, in French, *The Black Priests ask themselves questions*, launched the process of theologizing in a genuinely African way. Since this time, significant books have been published on

African Christian theologies showed original responses, in the reception process of the Gospel, and in the way the faithful established themselves as God's family.

Going beyond this point, theology then began to reflect on the faith of the people, and to examine its foundations. African Christian theologians have found that it is connected to the basic patterns of religion in their cultures. One of the pioneers of African Christian theology, Bénézet Bujo, has examined the religious experience of the faithful in their social context, and presented it as the starting point of a new perception of inculturated evangelization[8]. This experience emphasizes the need for justice in the human community. An inculturated evangelization has to look for traditional values that confirm God's design of a community of love. Values of solidarity, hospitality, respect for life in all its stages, a sense of the sacred, and a longing for communal achievements can be restored as the foundation of a new social order, and restore good governance. These values existed before, but they were mostly destroyed by the new political and economic structures imported from the West.

Traditional initiation, which integrated people in their tribal society, has been replaced by western schools. The breaking up of traditional societies has generated cultural alienation, the split of African personality and the disintegration of the fabric of life. Under the pressure of colonial presence, African people embraced modernity, but lost their cultural identity in the process. Their environment was transformed by new means of communication and new methods of production, but people remained empty and alienated in the midst of a secularized society based on money, power and marginalization.

An inculturated evangelization has been proposed, which seeks to understand how the global economy with its structural injustices affects people. Its central concern is to restore the values that strengthen the dignity of individuals and communities, and help oppressed people in their struggle against social inequality and meaninglessness. It is rooted in the thought forms, world-views, moral principles, and communal institutions of African cultures. The translation of the Scriptures into local languages made it possible for Africans to hear the living Word of God in their own tongue. The biblical God could now enter into dialogue with his people in Africa in the way native Africans communicate with one another. By speaking the languages

African Christianity: J.NK. .Mugambi and L.Magesa, eds., *Jesus in African Christianity. Experimentation and Diversity in African Christology*, Nairobi, Initiatives Publ., 1989.J.N.K. Mugambi and L. Magesa, eds., *The Church in African Christianity. Innovative Essays in Ecclesiology*, Nairobi, Initiatives Publ., 1990. A.Nasimiyu-Wasike and D.W.Waruta, eds., *Mission in African Christianity. Critical Essays in Missiology*, Nairobi, Uzima Press, 1993. L. Magesa and Z. Nthamburi, eds., *Democracy and Reconciliation. A Challenge for African Christianity*, Nairobi, Acton Publ., 2000.

[8] Bénézet Bujo, *African Theology in Its Social Context*, Maryknoll, N.Y.: Orbis Books, 1992.

of the people, God can call them to be true disciples of his Son Jesus. A response can now be given through spontaneous and cheerful songs and sacred dance. The Church is the home where Africans feel good about themselves by proclaiming the wonders of God in Jesus Christ. The secret of the growth and influence of African Christianity has much to do with the inculturated forms of liturgy in the basic ecclesial communities. The liturgy of the Mass has attracted conversions and won the hearts of many believers, who have dedicated their lives to the Trinitarian God. Few of them have thought about the radical restructuration of their traditional world required by their new faith. Some of African converts have put side by side traditional and Western Christian views of God. This schizophrenic situation has led African Christians to confusion and to widespread crisis of faith in times of trials and tests.

When they started to reflect on the evangelization of non-Western values, the missionaries and African Christian theologians became aware of the need of inculturation in depth. They established native customs boards in order to evaluate African customs such as tribal initiation, marriage by stages, dowry, and female circumcision. They wanted to incorporate valuable traditions into a new form of Christianity that would emerge from the encounter of African people with Western Christianity. Some missionaries took the native cultures into consideration and tried to avoid bringing in forms of Christianity which were peculiar to their own cultures. This way of breaking out a narrow, traditional approach made it possible for genuine African Christian theologies of inculturation to emerge. Searching for an authentic life, truly African and truly Christian, the people of God brought about a new theological approach. Africans have been wounded by the Atlantic slave trade, by colonial rule, and by post-colonial bad governance. During the slave trade, they were sold as mere commodities. Colonial rule denied them the possibility of giving their cultures personal and communal expressions. Post-colonial policies failed to respond to their aspirations for just and peaceful societies. Christian theologies of inculturation are attempts to correct all this: they deal directly with the prevailing identity crisis, by finding appropriate expressions of the African heritage. They find themselves encouraged to proceed along this path by the words of Paul VI in Kampala, in 1969: "In the expression of a single faith, pluralism is legitimate, even desirable; in this sense you may and you must have an African Christianity."

African Christianity reclaims its cultural heritage, in order to achieve a real incarnation of Christian faith. The good news of salvation is proclaimed in the language, symbols, and rites of local traditional cultures, modifying them when needed. The agents of inculturation are the people of God living their faith day by day. Liturgy expresses Christian faith in bodily gestures that are spontaneous, rhythmic, and vibrant. Since 1988, the Roman Mass in Zairian rite has integrated the invocation of African ancestors in its liturgy. The penitential rite of the Mass comes as a response to the proclamation of God's Word, and to the homily of the celebrant. People can then be reconciled with one another through a sign of peace. Procession, dance, and singing, with drum beating and gongs, unite people in communal worship. The ministers of the Word use stories, African proverbs, and the wisdom of elders in their preaching, which may use the technique of palaver. Chapels are built according to African architectural styles. Liturgical vestments and symbols reflect the artistic and religious inclinations of Africans. The catechumenate integrates the traditional pedagogy of initiation, using experience, stories, testimonies, festive ceremonies, and practical wisdom to impart knowledge of the Gospel as a school of life. African Christian theologies of inculturation try to enter into dialogue with beliefs, worldviews, practices, concepts, symbols, rites, and taboos of traditional religions. They use and transform the social institutions and values of the believers, to help them to acquire a new self-understanding in Christ. They take up the pastoral concerns of the Church, finding answers in sound biblical, patristic, and liturgical sources. At the same time, they integrate the way of feeling, of thinking, and of acting of the faithful into the Church's tradition.

Inculturation became an issue when African theology was still in its formative stage[9]. The late superior general of the Society of Jesus, Pedro Arrupe (1907-1991), gave it the following definition: "Incarnation of Christian life and of the Christian message in a particular cultural context, in such a way that this experience not only finds expression through elements proper to the culture in question, but becomes a principle that animates, directs and unifies the culture, transforming and remaking it so as to bring about "a new creation.[10]" Indeed, people have felt the need to establish a vital connection between African culture and the biblical heritage. To adapt the Christian message to the needs and mentality of the people is not enough. The missionary policy of accommodation left the roots of local cultures untouched. An inculturated theology rethinks and re-expresses the good news of salvation in accordance with the peoples's mental categories, languages, and traditions, and thus, allows them to express all at once their faith and their cultural identity[11]. Theological research in this field is in an ongoing dialogue with African reality and with its history[12], which includes the Atlantic slave trade,

---

[9] Aylward Shorter, *Toward a Theology of Inculturation,* Maryknoll, NY: Orbis Books, 1988.

[10] Father Pedro Arrupe, during his mandate as Superior General of the Jesuit order (1965-1983) wrote a letter on inculturation, to renew the commitment of the members of the Society of Jesus for the evangelization of cultures in the line of the Synod of Bishops on Evangelization in the 1970s.

[11] Laurenti Magesa, *Anatomy of Inculturation*, Maryknoll, N.Y.: Orbis Books, 2004.

[12] Bénézet Bujo, *African Theology in Its Social Context*, Maryknoll, N.Y.: Orbis Books, 1992, 18.

colonial rule, and post-colonial failure to establish a just and peaceful society for all. The people's cultural heritage encompasses the historical contributions of North African Christianity, at the time of Roman Empire, with Augustine of Hippo and Cyprian of Carthage, the religious insights and contributions of Egyptian monasticism and of the Alexandrian schools, with Clement and Origen, and the achievements of the Coptic Church and of Ethiopian Christianity. Even though these forms of Christianity did not exercise a direct influence upon Sub-Saharan African Christianity, Christians today have much to learn from these early attempts at Christian discipleship.

The most basic experience, on which to build an inculturated theology, is of God's existence. African traditional religions do not question it. Long before the arrival of any missionaries, most of the tribes of Africa worshipped one God and God alone. The novelty of Christianity for Africans did not consist in its proclamation of one God, but rather in the most complete and definitive proclamation of that one God, whom Africa already knew, and who is also the God of Jesus Christ. It showed more clearly than the African tradition was able to, how this one God wishes to be, and can in fact better be known and loved[13].

Western missionaries gave Africans a better knowledge of the God of Jesus Christ, who saves his creatures out of love. For this is how "God loved the world: He gave his only Son, so that everyone who believes in him may not perish but may have eternal life" (Jn 3:16). This message was easily accepted, because it was in continuity with the religious experience of the African people. Traditional religions know God as the source of life. They do not have any documents to attest to their beliefs. They did not build temples or shrines for the supreme God, who is worshiped in the silence of the heart, in gratitude and submission. Discretion about God is an acknowledgment of his holiness and mystery, while God himself expresses his concern for human beings through the spirits of nature, of the founding fathers and deceased ancestors, who act as intermediaries. These spirits can be reached, particularly in sacred places, animals, and festivals. Ancestors are the mainstay of the lineage. They haunt the consciousness of their descendants. Their demands are known through diviners, through dreams, possession or trance. Through them, life, blessings and strength can be obtained. Rituals are performed by their descendants, to pay them tribute, honor them, and seek their protection; communion with them is established and perdures, if only customs are observed.

---

[13] Ibid.,p.57.

Some western missionaries failed to perceive the value of these beliefs and practices. They wanted their converts to reject the whole of their religious systems: they thought that to connect the gospel in any way to the religious experience of African cultures was impossible. This approach was challenged by the "Négritude" movement, which sought to rehabilitate African cultures; Leopold Sédar Senghor, Aimé Césaire, Léon Gontran Damas, and others wanted the continent to recover its cultural identity. In his effort to initiate into a real dialogue between cultures, the Belgian missionary, Rev. Placide Tempels realized "that the African quest for life, for fertility (fatherhood and motherhood) in its most comprehensive form, the yearning for communion with other beings was not an aspiration confined to the Dark Continent. We were dealing here with a fundamental human instinct, common also to Europeans. It went deep into human nature itself, and the uncovering of an African philosophy could therefore help European people to discover themselves."[14] A philosophy of life and tribal loyalty promotes real religious values. It expresses a particular way of being human. African philosophy values human life as sacred, mysteriously connected with the dynamic forces of the cosmos. Life is a vital force, which takes a personalized form in the ancestor. Through him, God's great gift is channeled to the community. Ancestors are valued in the pyramid of beings as mediators of life. Because they have contributed to the life of the community, they have been given, when they die, a life-force that is stronger than the one which animates the body and shadow of the living human being. Because they are nearer to God, they become models of virtues, a source of blessings for their descendants whom they help to participate in God's mystery. The Spirit of God has inspired Africans to put their trust in their ancestors and to turn to them in times of affliction and distress. As members of the family or tribal group, ancestors are a role model for all their relatives.

Toward the end of the twentieth century, African Christian theologies have built upon these foundations, to give form to a post-colonial Christianity, based on the concepts of inculturated evangelization, human promotion and solidarity, and reconstruction of society as the family of God. Towering figures and exponents of these theologies are the Congolese Vincent Mulago[15], the Ghanaians Kwame Bediako[16], Kwessi Dickson[17], John S. Pobee[18],

[14] Bénézet Bujo, *African Theology in its Social Context*, Eugene: Oregon ,Wipf &Stock Publishers, 1992, 57.
[15] Vincent Mulago, *Un visage Africain du Christianisme: L'union vitale Bantu face à l'unité vitale ecclesiale*, Paris, Présence Africaine, 1965.
[16] Kwame Bediako, *Christianity in Africa: The Renewal of a Non-Western Religion*, Edinburgh, 1995.
[17] Kwessi A. Dickson, "Continuity and Discontinuity between the Old Testament and African Life and Thought". In: *African Theology en Route*, edited by K. Appiah-Kubi and S.Torres, 95-108. Maryknoll, N.Y.: Orbis Books, 1979.
[18] John S. Pobee, *Toward an African Theology*, Nashville: Abingdon, 1979.

Mercy Amba Oduyoye[19], the Nigerian Bolaji Idowu[20], the South African Gabriel Setiloane[21], and the Kenyan John Mbiti[22]. In their books and articles they draw on the vitality of African religiosity and its philosophy of life, to give Christian faith a new and original expression. In the early 1970s, Charles Nyamiti, an outstanding African theologian, published a synthetic presentation of this new discipline[23]. Their efforts towards the inculturation of Christian faith has led Professor Charles Nyamiti and Professor Bénézet Bujo to claim Jesus Christ as the Ancestor par excellence of African Christians: indeed, he does everything an ancestor does. In his earthly life, Jesus manifested precisely all those qualities and virtues which Africans like to attribute to their ancestors and which lead them to invoke the ancestors in daily life[24]. Jesus was a divine wisdom teacher and healer, a community builder and the founder of the new family of God in which all share the ethics of love. He is the life-giving ancestor who unites all families in his own. His last words of love should be the driving force of African Christianity. By his life-giving death, his resurrection, his ascension and by sending the Holy Spirit in the mind and hearts of African Christians, he has transformed them into his mystical body. To this body the faithful should now give a new loyalty, greater than tribal loyalty. In the terms used by Professor Bénézet Bujo, Christ is the proto-ancestor: "If we look back on the historical Jesus of Nazareth, we can see in him, not only one who lived the African ancestor ideal in the highest degree, but one who brought that ideal to an altogether new fulfillment.[25]" As a living person, Jesus enters into a personal relationship with anyone who believes that Calvary has brought salvation to the world. By becoming ancestor, he transforms the African religious experience into one of hope and solidarity. He heals the wounds that have been inflicted upon the people in the course of history. He introduces the reign of God in Africa, by being the Way, the Truth, and the Life of African Christians [Jn 14:6]. Traditional beliefs concerning the role of ancestors are brought to

[19] Mercy Amba Oduyoye is a Methodist theologian known worldwide for her work focusing on African Christian theology from women's experience. "Feminist Theology in an African Perspective." In *Paths of African Theology*, R. Gibellini (ed.), 166-181, Maryknoll, N.Y.: Orbis Books, 1994.

[20] Bolaji E. Idowu, *Towards an Indigenous Church*, London: O.U.P., 1965.

[21] Gabriel Setiloane, *Civil* Authority*: From the Perspective of African Theology*. JBT 2, n. 2: 10-23.

[22] John S. Mbiti, *Bible and Theology in African Christianity*, Nairobi: O.U.P., 1986. John S. Mbiti is one of the best known and respected African Christian theologian. "Mbiti has been one of the most productive and influential figures in the pantheon of African scholars whose works are now widely read not only in his home continent Africa, but all over the academic world" Olupona, Jacob K. and Sulayman s. Nyang "Introduction: Issues and Perspectives on Religious Plurality in Africa" In *Religious Plurality in Africa: Essays in honor of John S. Mbiti*. New York, Mounton de Gruter, 1993.

[23] Charles Nyamiti, *African Christian Theology: Its Nature, Problems and Methods*, Kampala: Gaba Publications, 1971. Charles Nyamiti has also written an inspiring book: *Christ as our Ancestor: Christology from an African Perspective*, Mambo Press, Gweru, Zimbabwe, 1984.

[24] James Henry Owino Kombo, *The Doctrine of God in African Christian Thought: The Holy Trinity, Theological Hermeneutics and the African Intellectual Culture*, Leiden, Brill Publishing, 2007.

[25] Id.,p.79.

fulfillment when Christ becomes the proto–ancestor, the mediator of everlasting life, the righteousness of his African brethren, and the only way of salvation. His love as shown at Calvary, invites African Christians to extend their love beyond politicized ethnic loyalty. As the living Word of God translated and re-expressed in African cultures, Jesus Christ is an African. Jesus Christ, the proto-ancestor, should inspire good governance and servant leadership in Africa.

3) Hope, human promotion, and solidarity as the goals of inculturation in the Church of God in Africa

The lineamenta of the second synod of Bishops for Africa focus on social concerns as justice, freedom, peace and reconciliation. Indeed, the evangelizing mission of the Church is inseparable from human promotion: both are her vocation and mission, since the message which she proclaims, concerning salvation in Jesus Christ, concerns the human person in all the dimensions of his vocation as the child of God. It is part of the Church's mission to contribute to human promotion, through education, healthcare, humanitarian assitance, development, defense of human rights, and democracy. To separate human promotion from evangelization would deny the Christian identity: all the Church's commitments must bear witness to the love of God, which inspires everything she undertakes[26]. The lineamenta are very clear on this point: they formulate the hopes, expectations, and longings for a fundamental transformation of African societies. Those who are ill-treated and abused by corrupt systems of governance need to be be helped to find ways of reversing the present trends. The Church as the family of God acting on behalf of justice, freedom, peace, and reconciliation will be the protector and helper of those who are powerless and victims of mass poverty and afro-pessimism. The solidarity of the Church with the needy will overcome afro-pessimism. By participating in Jesus' mission to establish God's reign, and by dismantling social barriers and politicized ethnicity, the Church will bring the poor of Africa to experience God's love. The final goal of inculturation in Africa is to establish an age of solidarity, and to bring joy and hope to the impoverished masses of Africa. By being involved on the margins of African societies, the Church of Africa is a prophetic witness to the poor and lowly, who bear the cross of dehumanizing situations. By inculturating the Gospel in day to day life, and by denouncing

---

[26] *The Church in Africa in Service to Reconciliation, Justice and Peace, Paulines* Nairobi, Publications Africa, 2006.

unjust situations, the Church as the family of God has become a power of solidarity, struggling for justice, freedom, peace and reconciliation.

The social option of the Church motivates the mission and pastoral action of the faithful[27]. Jesus Christ stands for a new family in Africa, made of Christians, non-Christians and all people of good will[28]. African Christian theology of human promotion, out of deep compassion and sympathy for the poor has helped pastoral action to restore the dignity of African people by providing them with facilities such as safe havens for destitute, refugees and displaced people, schools, health centers, cooperatives, farms, workshops and micro-finance units. African Christian theologies of reconstruction have helped entire nations to engage in a democratic process for the selection of their leaders. They have contributed to the creation of institutions which create a framework for accountability and transparency, and thus lead to good governance[29]. In final analysis, the three trends of African Christian theology, inculturation, human promotion, and reconstruction are the embodiment of hope and solidarity in the Church of Africa. They can all be described as theologies of hope and solidarity. Hope makes it possible for Christians to acknowledge God's goodness: by giving Jesus Christ as their proto-ancestor to the African people, he has given a definite shape to his family, in this continent. African people are now exposed to the living Word of their proto-ancestor. The seed planted in the African soil is ready to produce abundant fruits of living faith and solidarity. Christian faith is removing fear and afro-pessimism. It encourages creativity and Christian discipleship. Extraordinary acts of solidarity are taking place all over Africa, inspired by people's restored fellowship with God. God's words, about justice, freedom, reconciliation, and peace, are turning African fatalism into attitudes of hope, and overcoming tribalism, sexism, and gender imbalance. The African Christian theology of hope and solidarity provides a paradigm for the future. It initiates a process through which inculturation, human promotion, and nation-building will become part of the common commitment of the people of God. It calls for dialogue with African traditional religions[30], with Islam, with Judaism, and with other spiritual movements which are present in the continent. Dialogue is the best way for African Christians to know and to love the other members of the human family. Dialogue leads to common projects, serving people's well-being, reconciliation, and peacemaking. As a theology of open communication, the African Christian theology of hope and solidarity reflects on the violence that tears

[27] Kwame Bediako, *Jesus in Africa. The Christian Gospel in African History and Experience*, Carlisle: Editions Clé and Regnum Africa, 2000.
[28] Vincent J.Donovan, *Christianity Rediscovered. An Epistle from the Masai,* London SCM Press LTD, 2003.
[29] Jesse, N.K. Mugambi, *African Heritage and Contemporary Christianity*, Nairobi: Longman Kenya, 1989.
[30] Jacob, K.Olupona, *African Traditional Religions in Contemporary Society*, New York: Paragon House, 1991.

communities apart, and seeks practical ways to end it, by setting up appropriate resources and programmes for conflict prevention and resolution. It brings the faithful to consider all human beings as children of God, called to form communities, through dialogue and respect. It makes it possible to accept differences as an enrichment of the common good. The heroes of Christian faith in Africa are the poor, the weak, the lost, and the rejected who find in Jesus, the proto-ancestor, the fulfillment of their longings for fellowship with God, with others, and with the creation of God.

Closing remarks

A Christian theology of hope and solidarity has emerged in Sub-Saharan African countries. It appears as the inculturated message of Jesus of Nazareth, the same message which brought the early Church to proclaim him as Christ, and which Western missionary Christianity understood as relevant to the needs of people throughout the world.

Testimonies about Jesus Christ came to African believers as a living Word, which has taken into account the religious experience of ancestorship, and made it meaningful in the context of colonial and postcolonial society. The theology of hope and solidarity, which tries to give form to this word today, calls for human promotion, and national reconstruction. It stresses the needs of social justice, freedom, reconciliation and peace in a continent plagued with corruption, authoritarianism, tyranny and politicized ethnicity. The starting point of the African Christian theology of hope and solidarity is the recognition of Jesus Christ as proto-ancestor and Lord. As the founder of the new family of God in Africa, established by his covenant at Calvary, Jesus Christ is the perfect mediator of a new life in the Spirit, which supersedes ethnic loyalty. He is the divine healer of the wounds inflicted upon his African brethren. He calls African Christians, who are now bearing the cross of dehumanizing situations, to transform their social life, and to initiate a discipleship of equals and the eradication of mass poverty. They have to build an open society, which meets the needs of people, and restores their human dignity. They have to overcome their fears and Afro-pessimism. An African theology of hope and solidarity is the fruit of a genuine experience of God in Jesus Christ. It leads to a new life for others, and invites the faithful to assume responsibility for evangelization. African Christians constitute a servant church, which intends to build up the kingdom of God.

The African Christian theology of hope and solidarity wants to strengthen the motivation of the poor to share and to care for one another in Small Christian Communities, with the eyes fixed upon Jesus Christ, the proto-ancestor. Their faith in him brings them to do justice. In a continent plagued with mass poverty, bad governance and Afro-pessimism, the Church as the family of God remains the anchor of hope and the bond of solidarity. It ought to give the children of Africa, its women and men, a genuine experience of God.

INDEX

BIBLIOGRAPHY

- ✓ Nasimiyu-Wasike and D.W.Waruta, eds., Mission in African Christianity. Critical Essays in Missiology, Nairobi, Uzima Press, 1993.
- ✓ Andrew. F. Walls. The Cross Cultural Process in Christian Church History, ORBIS Books, New York, 2002.
- ✓ Athanasius, Life of Antony, Caroline White trans. London, Penguin Books.
- ✓ Aylward Shorter, Toward a Theology of Inculturation, Maryknoll, NY: Orbis Books, 1988.
- ✓ SESBOÜÉ, La Résurrection et la vie. Petite catéchèse sur les choses de la fin, DESCLÉE DE BROUWER, Paris, 1990.
- ✓ Bénézet Bujo, African Theology in Its Social Context, Maryknoll, N.Y.: Orbis Books, 1992.
- ✓ Bolaji E. Idowu, Towards an Indigenous Church, London: O.U.P., 1965.
- ✓ H. DODD, Les paraboles du royaume de Dieu, Paris, Seuil, 1977.
- ✓ C.H. DODD, Le fondateur du christianisme, Seuil, Paris, 1972.
- ✓ Ch. DUQUOC, *Christologie*, Essai dogmatique, Paris, Cerf, 1972
- ✓ Charles Nyamiti has also written an inspiring book: Christ as our Ancestor: Christology from an African Perspective, Mambo Press, Gweru, Zimbabwe, 1984.
- ✓ Charles Nyamiti, African Christian Theology: Its Nature, Problems and Methods, Kampala: Gaba Publications, 1971.
- ✓ Christian DUQUOC, *Jésus, homme libre*, Cerf, Paris, 1973.
- ✓ MARGUERAT, Vie et destin de Jésus de Nazareth, Paris, 2019.
- ✓ Decree PERFECTAE CARITATIS, on the renovation and adaptation of religious life, n ° 12.
- ✓ TROCMÉ, Jésus de Nazareth vu par les témoins de sa vie, Neuchâtel, 1971.
- ✓ Eloi MESSI METOGO, "The salvation seen from Africa", The Spiritual Life, Paris, Cerf, n ° 665 May-June 1985.
- ✓ Flaubert, GUSTAVE., The Temptation of Saint Anthony, translated by Walter Dunne, Chicago, 1904.
- ✓ BORNKAMM, *Qui est Jésus de Nazareth ?*, Seuil, Paris, 1973.
- ✓ Gabriel Setiloane, Civil Authority: From the Perspective of African Theology. JBT 2, n. 2.
- ✓ GAUDIUM ET SPES, n°53 (§ 2).
- ✓ J. GUILLET, *Jésus devant sa vie et sa mort*, Aubier, Paris, 1971.
- ✓ J. JEREMIAS, *Abba, Jésus et son Père*, Seuil, Paris, 1972.
- ✓ J. JEREMIAS, *Théologie du Nouveau Testament*, Paris, 1971.

- ✓ J. JEREMIAS, Théologie du Nouveau Testament, t.1 : La prédication de Jésus, Cerf, Paris, 1973.
- ✓ J. MOINGT, L'homme qui venait de Dieu, Paris, Cerf, 1994.
- ✓ J. Moltmann, a German protestant theologian is known for his concern for social ethics, and a proper appreciation of the relationship between the church and society. He is the great theologian of hope. See Theology of Hope: On the Ground and the Implications of a Christian Eschatology, SCM Press, London, 1967.
- ✓ J. RATZINGER, Le Ressuscité, Paris, 1986.
- ✓ J.N.K. Mugambi and L. Magesa, eds., The Church in African Christianity. Innovative Essays in Ecclesiology, Nairobi, Initiatives Publ., 1990.
- ✓ Jacob, K.Olupona, African Traditional Religions in Contemporary Society, New York: Paragon House, 1991.
- ✓ Jacques HAERS, Living the vows at the borders, Éditions LESSIUS, 2006.
- ✓ James Henry Owino Kombo, The Doctrine of God in African Christian Thought: The Holy Trinity, Theological Hermeneutics and the African Intellectual Culture, Leiden, Brill Publishing, 2007.
- ✓ Jean -Claude Guy, Religious Life, Evangelical Memory of the Church, Centurion, 1987.
- ✓ Jean-Baptiste Metz, A time for religious orders? Mysticism and politics of the following of Christ, Cerf, 1981.
- ✓ Jean-Marie TILLARD, Before God and for the world. The religious project, Cerf, 1974.
- ✓ Jean-Paul II, REDEMPTORIS MISSIO, n° 52.
- ✓ Jesse, N.K. Mugambi, African Heritage and Contemporary Christianity, Nairobi: Longman Kenya, 1989.
- ✓ John CHRYSSAVGIS and Marilyn ROUVELAS, Saint Anthony the great, illustrated by Isabelle Brent, Wisdom Tales Press, Indiana, 2015.
- ✓ John Paul II, Post-Synodal Apostolic Exhortation, Consecrated Life, Cerf, Paris, 1996.
- ✓ John S. Mbiti, Bible and Theology in African Christianity, Oxford University Press: Nairobi, 1986.
- ✓ John S. Pobee, Toward an African Theology, Nashville: Abingdon, 1979.
- ✓ Kwame Bediako, *Christianity in Africa: The Renewal of a Non-Western Religion*, Edinburgh, 1995.
- ✓ Kwame Bediako, *Jesus in Africa : The Christian Gospel in African History and Experience*, Carlisle: Editions Clé and Regnum Africa, 2000.

- ✓ Kwessi A. Dickson, "Continuity and Discontinuity between the Old Testament and African Life and Thought". In: African Theology en Route, edited by K. Appiah-Kubi and S.Torres, 95-108. Maryknoll, N.Y.: Orbis Books, 1979.
- ✓ L. Magesa and Z. Nthamburi, eds., *Democracy and Reconciliation. A Challenge for African Christianity,* Nairobi, Acton Publ., 2000.
- ✓ Laurenti Magesa, Anatomy of Inculturation, Maryknoll, N.Y.: Orbis Books, 2004.
- ✓ Mercy Amba Oduyoye is a Methodist theologian known worldwide for her work focusing on African Christian theology from women's experience. "Feminist Theology in an African Perspective." In Paths of African Theology, R. Gibellini (ed.), 166-181, Maryknoll, N.Y.: Orbis Books, 1994.
- ✓ R. BULTMANN, *Jésus, mythologie et démythologisation*, Seuil, Paris, 1968.
- ✓ Revelation 1: 17-18
- ✓ See LUMEN GENTIUM, n ° 42.
- ✓ Sylvie Robert, "Theology of the Evangelical Counsels of the Apostolic Consecrated Life" UISG Bulletin, No. 145.
- ✓ The Church in Africa in Service to Reconciliation, Justice and Peace, Paulines Nairobi, Publications Africa, 2006.
- ✓ Vincent J.Donovan, Christianity Rediscovered. An Epistle from the Masai, London SCM Press LTD, 2003.
- ✓ Vincent Mulago, Un visage Africain du Christianisme: L'union vitale Bantu face à l'unité vitale ecclesiale, Paris, Présence Africaine, 1965.
- ✓ Vita CONSECRATA No. 14. 17.19. 51.
- ✓ W. PANNENBERG, *Esquisse d'une christologie*, Pais, Cerf, 1971.
- ✓ W. REICH, *Le Meurtre du Christ*, Champ libre, Paris, 1971.
- ✓ X. Léon DUFOUR, *Les Évangiles et l'histoire de Jésus*, Paris, Seuil, 1963.
- ✓ X.LÉON-DUFOUR, *Résurrection de Jésus et message pascal*, Seuil, Paris, 1971.

TABLE OF CONTENTS

Printed by Books on Demand GmbH, Norderstedt / Germany